본격 한중일 세계사

14 거문도 Crisis와 방곡령

초판 1쇄 발행 2022년 8월 10일 **초판 2쇄 발행** 2023년 9월 27일

지은이 굽시니스트
펴낸이 이승현

출판2 본부장 박태근
지적인 독자 팀장 송두나
편집 김광연

펴낸곳 ㈜위즈덤하우스 **출판등록** 2000년 5월 23일 제13-1071호
주소 서울특별시 마포구 양화로 19 합정오피스빌딩 17층
전화 02) 2179-5600 **홈페이지** www.wisdomhouse.co.kr

ⓒ 굽시니스트, 2022

ISBN 979-11-6812-396-0 04900
　　　979-11-6220-324-8 (세트)

본격 한중일 세계사

14
**거문도
Crisis와
방곡령**

굽시니스트 글·그림

위즈덤하우스

머리말

코로나 역병 위기가 이제 좀 잠잠해지나 싶더니만, 2022년 중반 현재 세계는 경제 위기의 심연으로 치닫고 있습니다. 역병과 기근, 전쟁, 기후 위기 등등, 실로 난세의 클리셰들이 줄줄이 터져 나왔으니 경제 위기가 새삼스럽지는 않습니다. 좋았던 시절의 기억들은 이미 아마득하게 희미하고, 새까만 밤의 우울함은 오랜 지병처럼 익숙해져갑니다. 멀게, 또 가깝게 그리고 바로 들숨으로 와닿는 난국에 옥죄인 목구멍에서는 낙관적인 말 한마디 뽑아내기 버겁군요. 이렇게 머리 싸매고 있는 손님에게 바텐더가 언제나 들이미는 그 한 잔 - '라떼마리아'. 그렇습니다. 옛날 선인들의 난세는 지금과는 비교를 불허하는 불지옥들이었지요. 예전에도 비슷하게 얘기를 꺼냈던 것 같은데, 오늘날의 난세가 아직 계속되고 있으니 레퍼토리를 이어나가도 되겠지 싶습니다.

이번 권에서 다루는 1880년대의 세계는 이른바 장기불황이라 불리는 긴 불황의 늪에 잠겨 있었습니다. 1873년부터 1896년까지 이어진 이 장기불황은 공급 과잉과 수요 부족으로 인한 기나긴 디플레이션을 특징으로 합니다. 이는 공급 부족과 통화량 폭증으로 인한 오늘날의 인플레이션 경제 위기와는 180도 다른 것이지요. 금은을 통화로 쓰던 시절에는 디플레이션에 통화 정책으로 대응하기가 더 곤란했을 것입니다. 이 장기불황기에 영국의 성장은 정체된 반면, 미국과 독일은 빠르게 성장해 팍스 브리타니카 이후의 새로운 20세기 세계를 열어젖히게 됩니다. 각국의 관세 장벽 건설, 식민지와 동양 시장 개척을 통한 수요 확장, 남아프리카와 캐나다에서의 골드러시로 풀린 풍부한 금 - 등등의 요소로, 혹은 그냥 끝날 때가 되어서 장기불황이 끝나게 되었다지요.

오늘날의 인플레이션 위기 극복을 위해서는 공급과 물류 정상화뿐 아니라 너무 많이 풀린 돈의 회수도 필요하다고 합니다. 덕분에 고금리 요법의 충격파가 세계를 덮치고 있습니다. 1880년대 일본에서도 인플레이션 대응책이 있었는데요. 당시 대장경이었던 마쓰가타 마사요시는 메이지 정부가 서남전쟁 전비 마련을 위해 마구 남발한 불태환 지폐를 싹 다 회수해 불태우고, 정부 재정의 초긴축을 감행해 인플레이션을 잡는 정책을 펼쳤습니다. (일본이 갑신정변 전후, 조선에의 적극적 개입을 꺼린 데는 이 긴축 정책의 영향도 있었다지요.) 마쓰가타의 디플레이션 유도 정책은 당시 인플레이션으로 이득을 보던 농민들에게는 원성을 샀지만, 오늘날에는 적절한 대응책이었다고 평가받고 있지요. 마쓰가타가 불태환 지폐를 소각하고 금은을 준비금으로 국고에 착실하게 쌓은 덕분에 1885년부터는 태환지폐를 발행할 수 있었고, 이후 엔이 제대로 된 돈으로 평가받을 수 있게 되었다는 겁니다. (하지만 총리로서의 마쓰가타는 의회 박살에만 몰두한 폐급이었다고…)

19세기 사람들도 어찌어찌 경제 위기를 잘 극복하고 새로운 호황기를 맞이했는데, 더욱 진보한 문명과 지성을 갖춘 21세기 사람들이라면 이 정도 경제 위기는 후다닥— 아마도 다음 권이 나오기 전에 극복할 수 있으리라 희망합니다.

P.S. 이번 권에서 다룬 러시아 관련 주요 내용들은 김용구 교수님의 역저《러시아의 만주·한반도 정책사, 17~19세기》에 기반을 두고 있습니다.

2022년 7월

굽시니스트

차례

제 1 장

거문도
Crisis

거문도 점거 이틀 후인 1885년 4월 17일,
영국은 거문도 점거를 청·일 양국에 고지.

이홍장의 지시로
북양수사 제독 정여창이 함선을 끌고
5월 8일, 조선에 도착.

5월 10일, 정여창은
임금을 알현해 조선 조정에
영국의 거문도 점거를 알린다.

조정은 외신 보도를 통해서도 이 소식을 확인.

중국놈들이 조선을 속국이라
강조하는 와중에 영국이 청을 무시하고
조선의 섬을 취하니 적잖이 당황했나.

영국한테는 결국 입도 뻥긋 못 했으면서
어떻게든 체면 치릴 궁리인가 본데….

하, 조선 임금의 러시아
접근도 이 사달의 원인 중
하나라는 걸 좀
자각해주시길….

영국놈들에게 항의하기 위해
조선 대신을 거문도로 보내신다면,
저희 함선으로
태워다 드리겠습니다.

○○, 그럽시다.

가서 영국놈들을 도리와 말빨로
꾸짖어 쫓아 보내도록!
안 나가면 우리도 포클랜드
점거해버린다고 해.

외아문 협판 묄렌도르프와 정부유사당상
엄세영이 청 함선에 탑승해 거문도로.

5월 16일, 거문도 도착.

거문도가
북아프리카에
있었다면 거문사막.

저 무도한 영국놈들이 섬을 점거하면서 행패가 크진 않았는가? 주민들의 피해 상황은?

아, 그게 말입죠~ 꽤 젠틀맨들이지 말입니다~

안 쓰는 땅 좀 잠깐 빌려 써도 될까요?

섬의 무주지를 빌려 쓰기 위해 거액의 임차료를 낸다든가—

으어, 거문도 부동산 역사상 다시 없을 호재 도래;

군함이 오가면서 어업에 피해 끼치는 부분에 대해 거액의 보상금을 준다든가—

어휴, 엔진 소리 때문에 물고기가 다 도망가서리;;

(사실 뻥이지만.)

섬 주민들에게서 각종 물자를 굉장히 비싼 가격으로 구입해주기에, 거문도 경제가 갑작스러운 파운드화 특수로 호황을 맞고 있습죠.

츄라이~ 츄라이~

달걀 6개 1실링요~

Oh, K-바가지!

대충 아프간 오지 근본주의 지역에 와 있다고 여길 것.

영국군의 군기 또한 엄정해 절대 민가를 범치 않고, 아낙네들과는 눈도 마주치지 않도록 규율하더이다.

스윗영남~♡

테니스도 치고 축구도 하며 무탈 평온하게 지내는 분위기입니다.

그렇게 영국군은 섬 주민들과 좋은 관계를 구축하고 교류하며 서로 홍차와 막걸리를 나누고 있습니다.

롱 리브 더 퀸!

그러니, 조선 조정에서는 섬의 안위에 대해 걱정 놓으셔도 될—

아니, 아니, 뭔 착한 척 분칠을 해도, 지금 남의 영토를 통보도 없이 무단 점거 中이잖소! 진짜 거문도를 홍콩처럼 먹으려는 거임? (그러면 여기 땅 좀 사놔야겠네요.)

HMS 아가멤논 함장 맥클리어 대령

몰렌도르프와 엄세영은 이어서
나가사키까지 따지러 갔다가
별 소득 없이 돌아온다.

5월 19일, 영국은
조선 조정에 거문도 점거를
정식 통보.

아니, 거문도 점거
뉴스가 실린 신문들이
2주 전에 배송되었는데;

어휴; 이게 서울까지 전신이
안 깔려 있어서, 등기로
통지문이 오느라 시간이
오래 걸렸습니다;;
주말, 연휴까지 겹쳐서;;

ㅎㅎ;;; 기왕 이렇게 된 거 통 크게
거문도를 영국에 임대해주시면 어떨까요?
연 임대료 5천 파운드! 대박 조건!!

쿳, 대형 제국놈들이
조선을 얼마나 젯밥으로 보면
태평양 무인도 점거하듯
우리 섬에 깃발을 꽂고 임대료나
받으라고 희롱하는가….
통보도 한 달 넘어서야 하고.

임금의 영험 지수는
이 즈음에 MAX를 찍었을 것이고.

안 빌려줌!!
자메이카랑 바꾼다면
또 모를까!!

영국의 거문도 임차 요구는
당연히 단방에 거절.

아울러 서울의 외국 공사들에게
거문도 점거의 부당함을 어필.

각국은 일단 영국의 거문도 점거에 대해
부당하다는 정도의 멘트들은 날려주지만.

그레이트 게임의 폭풍 속에 벌어지고 있는
영·러 간 수싸움 이벤트에 진심으로
개입 각을 재는 국가는 아무도 없었던 것.

하지만, 그레이트 게임의
당사자인 러시아에는
남의 일이 아니죠!

러시아 사신,
서울에 급히 오다!!

**일본 공사관 서기관
시페이에르**

당시 상트페테르부르크는 판즈데 전투로 야기된
영러전쟁 위기에 몸서리치고 있었으니.

미친 군부
중앙아시아
카르텔놈들!

관동군
같은 놈들!!

기르스 외상

전쟁이 그렇게도 좋나?!
멍청이들아!!

그레이트 게임의 엔딩이
그레이트 War라면
어쩔 수 없지!
받아주마!!

알렉산드르 3세

아니, 폐하!
그렇게 엔딩나면
러시아제국도
엔딩이에요!!!
Bad 엔딩!!

런던의 스탈 공사에게
막후 교섭을 주문하고!!

베를린에
중재 요청 ㄱㄱ!

투르크멘—아프간 국경 문제는
이쪽에서 최대한 양보 가능하다고
암시하도록!!

폐하께서는 온천에서
요양 좀 하시고!

아니!
판즈데에서 우리가 이겼는데
국경 문제를 왜 양보함!!?

강 전쟁 ㄱㄱ!!!

군부

ㅇㅋ, ㅇㅋ;;
판즈데는 우리가
먹는 걸로 하죠;;

점심은 봄베이에서!
저녁은 런던에서!!!

이 와중에 영국은
극동까지 전선을
넓히고 있다고?;;

예; 영국이 조선의
거문도를 점거했답니다;;

큭; 극동에서 영국에 맞설
우리 군사력은?

연해주의 우리 지상군 총병력은 1만 8천;;

블라디보스토크의 각종 선박 45척, 그중 제대로 된 순양함은 서너 척.

블라디보스토크만 입구에 기뢰 많이 깔아놨으니 괜찮을 듯.

극동의 우리 전력은 후달리지만, 이번 거문도 점거를 가지고 외교적으로 조선을 이용할 여지가 있지!

지난번에 조선에서 제시했던 떡밥이 아직 유효한지 가서 교섭해보도록!

Da~!

서기관 시페이에르가 다시 조선行.

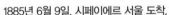

1885년 6월 9일, 시페이에르 서울 도착.

조선 외교부(외아문)의 윗대가리들을 만나볼까나—

근데, 외아문의 Top 김윤식은 친청파.

No.2 묄렌도르프가 지난번 러시아와의 비밀 접촉을 진행했다.

인아거청이라니, 안아키병 같은 헛소리로다.

이런 사대부를 봤나!

외아문 독판 김윤식

외아문 협판 묄렌도르프

지난번에 조선 측에서 제안했던 러시아 군사 고문단 파견과 영일만 등의 항구 조차를 진지하게 논해보고 싶은데요.

So, 김윤식과 시페이에르의 회견은 꼬임.

엥??? 그 뭔 개소리신지요?

예? 아니, 지난번에 분명 그쪽에서 먼저;; 하;; 일단 그쪽 국왕 전하 뵙게 해주십쇼.

하; 러시아를 끌어들이는 건 영국의 발작 트리거인가;;

이 무렵 국왕 전하께서는 그레이트 게임의 무서움을 여실히 느끼고 계신 중이셨고.

러영전쟁 위기에 휘말려서 거문도까지 점거당하고;;;

인아책이라는 게 생각처럼 간단한 문제가 아니었어;;

아니, 아니, 아니, 지난번에 분명 군사 고문단 등 러시아의 도움을 얻고 싶으시다고;; 청나라에서 러시아로 갈아타고 싶으시다고;;

으흠? 무슨 말씀이신지? 누가 그런 SF적인 발상을?

So, 임금은 입을 씻는다.

6월 22일, 국왕 알현.

뭐, 일단 우리 대신들과 얘기해보도록 하시구려.

6월 23일,
김윤식–
시페이에르–
묄렌도르프
3자 대면.

거, 러시아 측 얘기대로라면
목 대감께서 러시아 쪽에
인아책 운운하며 군사 고문단 초빙,
항구 조차 등등의 얘기를
뿌리고 다녔다는데 말이죠?

아니; 그게, 아마
불어로 대화하는 통에
의미가 와전된 부분이
많은 것 같습니다;;;

딱히 문서가 오간 것도 없고,
녹취록도 없고, 명확한 실체 없는
뜬구름 잡는 이야기일 뿐이외다~;;;

찡긋
찡긋
찌찡긋

하; 조선의 인아책
떡밥은 이미 쉰 떡밥이
되어버린 걸까….

덜그덕 덜그덕

하라쇼~잉!

?!!?!

덜컥

시페이에르를
영의정 심순택이
내밀히 방문.

우리 주상께서, 대신들의 겉으로 내는 말이 어떻건 간에 어심은 분명히 러시아에 있음을 전하라 하셨습니다.

우리 조선에는 겉모습과 겉말에 "절대 현혹되지 마소~잉~" 이라는 속담이 있소이다.

하; 스파시브… 어쩌자는 건지….

러시아 군사 고문단 안 들입니다. 미국 군사 교관 들일 겁니다.

7월 1일, 김윤식은 조정의 최종 공식 입장을 전달.

. . . . .

뭐, 인아책이니, 항구 조차니 다 그냥 음모론 헛소리였던 걸로 넘어갑시다.

하; 미국 공사관에 물어보니 미국 군사 교관 안 온다던데요!

러시아 군사 교관 안 들인다면 러시아 공사도 안 올 겁니다!

그리고 영국의 거문도 점거가 지속된다면 러시아도 그에 상응하는 한반도의 거점에 진출할 수밖에 없습니다!

시페이에르는 악담을 던지고 서울을 떠난다

하… 조선놈들… 결국
쉰 떡밥이었군.

조선 국왕은
이중 플레이를
즐기는 인간인가;

뭐, 아무튼
극동 문제는 좀 꼬여 있더라도,

가장 큰 발등의 불 – 판즈데 위기는
슬슬 꺼질 기미가 보이니
다행이랄까 –

삑

1885년 6월 8일,
글래드스턴의 자유당 내각 붕괴!!

쿳; 전쟁을
벌인다 해도
안 되는구나;

베리 베리
솔즈베리~!

솔즈베리 후작의 보수당 정권 수립!

굽씨의 오만잡상

오늘날 뭇사람들이 영국의 거문도 무단 점거를 이야기할 때, 거문도에 진주한 영국 해군에 대해서는 꽤 괜찮은 이미지를 갖고 있기 말입니다. 거문도 주민들을 해치지도 않았고, 땅과 물건을 빌려 쓸 때 꼬박꼬박 값을 다 치렀고, 어민들에게 피해 보상도 했고, 조선인들의 풍습을 존중하며 수병들의 품행을 엄정하게 단속했으니, 조선의 탐관오리들보다 환영받는 존재였다는 거죠. 서구의 병사들이 개화하지 못한 땅을 찾아와 문명의 선한 빛만을 밝히고 간다는 설정은 보통 제국주의 꿈나무들의 망상에 불과하기 마련인데, 거문도에서는 이게 제대로 먹혔나 보군요. 성공적인 인사 작전은 오늘날의 미군에도 쉽지 않은 일이건만, 역시 19세기 말 제국주의 짬밥의 절정에 달한 영국군이라면 가능한 일이었나 봅니다.

그런데 우리가 듣기로 19세기 초반 영국 해군 수병들은 별로 질이 좋지 않은 사람들이었다는데 말입니다. 강제로 잡혀 온 수병들은 온종일 럼주에 쩔어 살았고, 그 험한 성정은 장교들의 채찍질로만 다스릴 수 있었다는 이미지가 일반적이지요. 다행히도 그런 야만적인 해군 문화는 크림전쟁의 난장판을 겪은 후, 1850년대 후반부터 시작된 일련의 개혁을 통해 일신되었습니다. 여기에는 빅토리아 시대, 초기 해군의 스타였던 찰스 네이피어 제독의 공이 컸으니. 나폴레옹전쟁 때부터 해군에 헌신하면서도 고약한 구습에 진절머리를 쳤던 그는 크림전쟁 후 전역해 하원의원으로 활동하며 해군 수병에 대한 처우 개선, 문화 개혁의 물꼬를 텄습니다. 이로써 1859년 설립된 해군 예비대를 통해 숙련된 상선 선원들이 해군 예비군으로 안정적으로 확보되었고, 해군 조직 개선 운동이 벌어져 수병들의 급료 인상, 비합리적인 구습과 체벌 폐지, 식단 개선, 수병 제복 도입 등이 이루어졌지요. 빅토리아 시대의 금욕적인 분위기도 해군의 금주를 이끌고, 퇴폐 문화를 위축시켰습니다. 그리고 수병들의 건전한 여가와 신체 활동을 위해 각종 스포츠가 권장되었습니다. 그렇게 빅토리아 시대 중반부터 수병들은 뭍에 내리면 언제나 축구공을 차기 시작했고, 그렇게 거문도에서 조선 최초의 축구 시합이 열리게 된 게지 말입니다. 물론 그때도 거문도의 테니스 코트는 장교 전용이었겠지요.

제 2 장

Come Back Home

보수당 정권의 새 총리가 된
솔즈베리 후작은 제국주의자였지만—

아프간 국경 문제 따위로 러시아와
전쟁을 벌일 정도로 어리석진 않지.

정권 자체도 소수당
정권으로 불안정하고….

국민 여론도 단지
글래드스턴의 유약한 대외정책을
비판했던 것뿐이지,
대러 개전까지 바라는 사람이
있을 리가 있나;;

그 와중에 러시아의 기르스 외상이
다양한 루트로 교섭을 타진했고.

한판
붙어보자노피!

(평화!!!)

(피쓰!!)

아이고 성님들~
뭐, 이런 소소한 국경 드잡이 갖고
정색들 하고 그러시오~
캄 다운! 캄 다운!

아프간의 라흐만 칸도
영러전쟁으로 아프간이
아수라장이 될 것을 두려워해
전쟁 회피에 진력.

아프간 권력자가 세계 평화를 위해
힘쓰는 보기 드문 사례라고요!

그리하여 런던에서 영·러 간 교섭이 진행되고.

베리 베리?

○○, 서로 총칼 거두고 아프간-투르크멘 국경 조정 협의를 이어나갑시다.

주영 러 대사
스탈 남작

So, 1885년 9월 무렵이면 대충 판즈데 위기가 해소되는 국면.

하지만, 거문도에는 여전히 유니언잭이 휘날리고 있다….

얘는 우리 속국 패밀리니까 건들지 말라해.

전통적인
주속 관계의 유지와 인정이
조선 정책의 핵심인데―

응, Z까.

류큐, 베트남 사태 등으로
무너져 내리는 중화질서 독트린은
더 걷잡을 수 없이
무너져 내릴 것이다.

하, 천자국이
무능하다, 무능해.

(저거,
조공만 받아 처먹을 줄 알지
무쓸모 노소용 대국일세.)

그렇잖아도 탈청하고
러시아로 갈아탈 속셈 만땅인
조선 임금.

거문도를 따이고, 중국에
아무 도움을 얻지 못한 조선은
새 보호자를 찾아 러시아로
더욱 기울 것이고.

매년 초코파이, 도시락 라면
컨테이너 하나 채워서
조공 ㅇㅋ?

혹은 러시아의
또 다른 요충지 점거를
부를 수도.

영국이 거문도 먹었는데!
러시아도 뭐 하나 먹어야 공평하지!

ㅎㅎ~ 땅 좀
보러 왔는데요~

실제로 1885년 하반기,
러시아인들은 제주도 등의
요충지 점거를 간 보기도.

하, 하라쇼, 쇼, 쇼,
쇼발놈아.

이 와중에 마침 연해주 남부에서는
청·러 간 국경 분쟁도
진행 中이었다…

포시에트만 하안
사벨로프카 지역의
귀속 문제.

연해주

블라디보스토크

저 거대한 연해주를
뜯어먹고선 개평
한 뼘을 양보 안 하려
들다니, 사람 새끼 맞냐해?

ㅗㅗ

결국 러시아와는 한판 붙지 않을 수 없는 운명이다!!

만주에 병력 증강! ㄱㄱ!!

마침, 러시아와 영국이 아프간 문제로 전쟁 위기라고 하니-

영국이 러시아와 싸울 때, 중국이 영국 편에 서서 러시아에 맞서면 개이득 아닌감?!

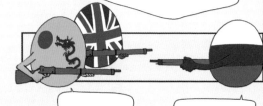

영청동맹 든든합니다~!

멍청동맹이겠지….

영러전쟁 위기에 편승한 조정 내 대러 강경책 대두.

영러전쟁 버스 탑승 ㄱㄱ!!

연해주까지 수복 가능각!!

점심은 블라디보스토크에서! 저녁은 집에서!

아, 진짜 말라비틀어진 행복회로 좀 돌리지 맙시다!

영러전쟁 절대 안 난다고!!

그러고 보니, 이쪽에서 대러 개전을 부르짖어야 할 호전광 영감탱이가 어째 조용하다?

는 사망.

올ㅋ!?!!

총리해군사무아문 (해군통합사령부)을 설립해야….

대만을 대만성으로 승격시키고….

1885년 여름, 임지인 복건성 푸저우에서 폐렴으로 쓰러진 좌종당.

크악!!! 베트남에서 프랑스놈들 바르지 못한 게 천추의 한이로다!!

쿨럭

1885년 9월 5일, 향년 74세로 좌종당 사망.

태부에 추증되고 문양공의 시호가 내려졌다.

"함께 국난을 헤쳐온 30여 년.
나를 아는 이는 오직
좌공뿐이었다…."

이제 전쟁무새 대장도 갔고…

영러전쟁 위기도
거진 지나갔고…

극동의 꼬인 매듭을
차근차근 풀어봅시다.

일단, 러시아 외상님.

1. 연해주 국경 문제는 대충
덮도록 합시요.

2. 러시아가 조선에
세를 뻗치거나
영토를 점거하지 않는다면,

3. 거문도의 영국군 철수 촉구에
함께 협력할 수 있겠습니다.

1885년 후반에서 1886년에 걸쳐
청과 러시아 간 극동 문제에서의
포괄적 합의가 진행되고.

청도 조선에 세력 확장
안 한다면 ㅇㅋ.

러시아 쪽은 대충
잘 풀릴 거 같고.

이제 저 조선의
인아거청
수작을 족쳐야지.

······

헉;;

청에서 러시아로
갈아타시겠다라?
이걸 그냥
넘어갈 줄 알았남.

이 1차 조러밀약설의 몸통은
아무래도 조선 임금이었겠지만—

일단은 모든 접선의 전면에
나섰던 묄렌도르프를
청으로 소환한다.

전하, 옥체
강녕하시옵소서~
ㅠㅠ

1885년 8월, 묄렌도르프가 조러밀약설의
모든 책임을 지고 외아문 협판과 해관 총사무사에서
파면되어 청으로 돌아간다.

그리고 조선 임금을 위해서는
살짝 긴장감을 선사해야 할 듯.

때가 되었습니다.

1885년 10월, 황해.

좌아아

Country roads take me home~♪
To the place I belong~♬

3년 만에 고국으로 돌아가는 대원군(64세)

아니, 이미지와 다르게 영어 발음 좋으신데요?

그 호송을 맡 원세개(26세

텐진에 3년 있으면서 서양 문물 많이 접했으니, 이 늙은이도 꽤 모던 틀딱이 될 법하잖소? ㅎ

아이고~ 전하~ 그새 쿠데타를 또 겪으셨다니 망극하옵니다~

1885년 10월 5일, 흥선대원군의 서울 귀환.

성대한 환영식에서 부자는 별다른 대화를 나누지 않았고.

원, 제중원에서 서양 보약 한 첩 지어 올리라 하겠습니다.

034

대원군이 돌아온 운현궁에는
치단봉과 검문소를 설치해
외부인의 출입을 통제한다.

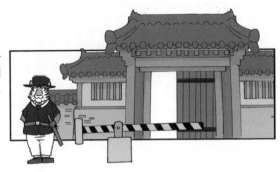

뭐, 그러든 말든.
제중원이라는 의원에서
내 보약 지어놨다지?

예, 미국인 의사의
의원인데 용하기로
소문났습죠.

미국인 의사가
어쩌다가 서울에 개업을?

갑신정변 때 제가
민영익 대감을 수술해서 살려놓으니,
임금께서 감탄하시어 서양식 병원을
지어주셨습니다.

사례비도 엄청 받았고요.

아하! 그래서
내 보약도 여기서?

어의 호러스 뉴턴 알렌

서양 보약이라고
하면 이 뱀기름이
제일 유명한데─

사실 뱀기름- Snake Oil은 영미권에서 약장수 약팔이 약의 의미를 갖습니다.

돌팔이 가짜 약을 대표하는 단어인 거죠.

그럴 거 같더라!

진짜 뱀으로 만든 약이나 뱀술 같은 것들, 실제 효능은 전혀 없으니 굳이 찾아 드시지 마시길.

이런 서양 병원도 세워지고, 조선도 나름 근대화 옹알이가 조금씩 진행되고 있는 건가.

○○, 1880년대 중반이면 조선에서도 이런저런 근대화 새싹들이 돋고 있죠.

1884년에는 국영 기선회사가 설립되어 3척의 기선을 운용 中.

조운혁명! 쌀배의 새 역사!

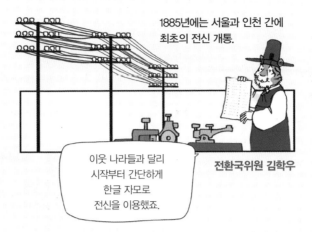

1885년에는 서울과 인천 간에 최초의 전신 개통.

이웃 나라들과 달리 시작부터 간단하게 한글 자모로 전신을 이용했죠.

전환국위원 김학우

1884년, 독일의 양잠 기술과 방적기 등을 들여와 '잠상공사' 설립.

번데기 존맛탱!

중국, 일본이 모두 견사로 근대화의 종잣돈을 마련했다지.

1883년, 청나라 기술 유학생들을 주축으로 기기창이 세워져 총탄 등을 자체 생산.

청, 일본 상인의 침투에 맞서 1884년경부터 보부상, 시전 상인, 객주들이 금력을 모아 회사들을 설립하기 시작.

상무사 같은 상업 조합들!

1885년 현재, 지석영이 종두장에서
우두 접종을 시행 中.

으어;; 소고름으로
빌 게이츠 농장의
소가 되어버린다;

1885년, 아펜젤러가 배재학당 설립.

라라라라라♬
씨스뿜빠~♪!!

이듬해 나라에서 육영공원을
설립하는 등, 영어 교육에
공을 들이게 되지요.

ENGLISH!
영어가 안되면
육영공원. com!

이곳 제중원에서도
영어, 의학 교습을 시작했죠.
언더우드 선생입니다.

오, 기독교 학살자
대원군 합하~!

ㅎㅎ~ 가톨릭만 학살했지,
개신교인은
안 죽였다고요~

호러스 그랜트 언더우드

TMI:
제가 구해드린 민영익 대감이
이 근대화 플로우의 지원자 중 하나인데,
가끔 좀 너무 질척거려서 곤란하기도…;

해외직구 너무 빡세구료.
알렌 선생 카드로 좀
대리 구매해주시구랴~

묄렌도르프의
후임 총세무사
헨리 F. 메릴

1885년 10월,
주요 외국 인사들이
우르르 입국했는데―

주조선 영국 총영사
에드워드 C. 베이버

주조선 러시아 공사
카를 베베르

나님과 말 섞는 거
영광인 줄 아세요들~!

외국인들과 활발하게
교류하는 민영익.

거만하고 활달한
프린스 민~!

하라쇼~!

특히, 러시아 공사 베베르와는
정치적으로 뭔가가 있는 듯한
접촉이 이어지고―

하, 저거 뭔가 또
러시아 껀수
냄새가 풍기는데….

1885년 11월, 원세개는 청 조정에서
기존 상무위원(駐조선 공사)을 대체하는
주차조선총리교섭통상사의로 임명.

조선 내정을 감독하는 감국대신
느낌으로 가려는 속셈인가요?;;

이 직위빨만으로 조선 정치를
주무르기에는 아직
구실이 좀 부족하죠.

뭔가 껀수가 있어야….

껀수라고 하면-
러시아가 조선 쪽에 계속
찝적대는 거 같은데 말이죠~

러시아! 영국의
가상적국 1호!

이걸 어찌어찌
잘 엮어서 말이죠~

원세개, 영국 총영사와 모의.

제 3 장

2차
조러밀약설
파동

묄렌도르프가 청으로 소환되고, 그의 직책은 이홍장이 보낸 2명의 미국인이 나눠 가지는데—

해관 총세무사

외교 고문

해관

1886년 3월, 입국.

헨리 F. 메릴   오언 N. 데니

이홍장의 뜻과 달리, 이 두 미국인은 고용주 조선의 이익에 성실하게 봉사했다.

對청 수입 관세 새는 구멍들을 메꿔야 합니다.

프랑스와의 수교는 베이징 눈치 볼 필요 없습니다.

그리하여 1886년 6월에는 프랑스와의 수교도 이뤄지고.

朝佛修好通商條約

뭐, 그냥 다른 열강들과 비슷하게 평범한 불평등조약이죠.

첫 번째 퀘스트는
'조선 조정 휘어잡기'인가….

감국대신 격으로 파견된 원세개는
이를 못마땅하게 여김.

이를 위해 조선 정계의
젊은 세도가에게 접근.

갑신정변 때의 칼빵은
닥터 알렌의 의술 덕분에
깔끔히 완치되었군요!

병조판서 민영익

근데 수술 사례비로
집 한 채 값을 내주고 보니,
아무래도 의료보험이
있어야겠더라고요; ㅎ

민영익과는 호형호제할
정도로 친분을 쌓는다.

전하께서 공을 깊이 신임해
외국으로 중요한 심부름도
자주 보내신다지요.

민영익(60년생)

원세개(59년생)

커피 원두 같은 것들
쇼핑 갔다 오는 거죠, 뭐~ㅎ

조선 귀공자
프린스 민!

민영익은 교역, 외교 교섭 등의 임무를
맡아 상하이, 홍콩을 오가곤 했는데-

1886년 1월, 민영익의 수행원 윤정익과
민주호가 홍콩의 프랑스 할인은행에서
민영익의 수표를 위조해 1만 냥을 인출해
미국으로 튀는 사건도 있었다고.

미국에 망명 가 있는
개화당 인사 변수 씨와
합류하러 갑니다.

이렇듯 민영익의 실무 및 관리
능력은 좀 엉성했던 것.

그 밖에는 1885년 10월에 입국한
러시아 베베르 공사가
국왕 부부의 호의를 얻고 있고.

셀프 블렌딩 원두
가져왔습니다~

저희 와이프와
처형입니다.

차르께서 아주 교양 있는
외교관과 가족들을
보내주셨군요~

마리 A. 손탁

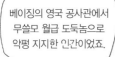

베이징의 영국 공사관에서 무쓸모 월급 도둑놈으로 악평 자지한 인간이었죠.

그에 반해 동시기에 입국한 영국 신임 총영사 베이버는 평판이 좋지 않은 인사였다.

駐조선 영국 총영사
E. C. 베이버

조선으로 보낸 건 사실상 좌천이었고…

서울에 온 베이버는 한밤중에 길거리로 뛰쳐나가 권총질을 한다든지—

영사관에 닌자가 잠입했다!!!

전문을 호랑이 가죽에 끄적여 작성하는 등의 기행을 일삼는다.

호랑이 가죽 무늬가 문서 보안을 지켜줄 것!

영국이 저런 또라이를 총영사로 보낸 것만 봐도 조선을 어찌 취급하는지 알 만하다.

이 베이버에게
원세개가 접근.

러시아 관련 껀수로
실적 하나 올려보시죠?

오호?

쑥떡 쑥떡 찰떡 팥떡

그렇게 중국인과 영국인이 작당-

1886년 8월, 원세개는
본국으로 긴급 전문을 송신.

조선에 전신
깔아놓길 잘했네.

1885년 10월에 개통한,
서울-의주-중국을 잇는
서로전선으로 서울도
세계와 연결되었지요.

덴마크 기술자
뮐렌스테트

서로전선

왜관-시모노세키
전선

거문도의 영국군
해저 전선

이홍장이 수신한 전보의 내용은―

오, 원씨네 꼬맹이가 좀 치네요.

와우!

조선 국왕이 또다시 러시아를 끌어들이려고 베베르 공사에게 보낸 밀서를 본인이 입수했습니다!!

민영익이 나한테 문서 원본 전해줌!!

2차 조러밀약 사건!!!

WHAT?!

영국의 거문도 점령을 구실 삼아 러시아 병력과 함대를 조선에 불러들이고 러시아에 조선의 보호를 청하는 이 문서!! 영의정 심순택의 도장도 찍혀 있습니다!!

영국 총영사 베이버도 이에
호응해 바로 입장 발표.

조선과 러시아 측에서는 이를 강력 부인.

조선에서 부인하건 말건
원세개는 이를
정치 모략 땔감으로 삼아
공작을 이어나가고.

조선 국왕을
교체해버리면
어떨까 싶습니다~!

이런 경우를 위해
대원군을 귀국시킨 게
아니겠습니까~

으어?!

이준용(16세)　이재면
이재면의 아들　대원군의 적장자

-라는 내용의 보고를
받은 이홍장.

(하, 이 세퀴,
오버하네;;)

러시아가 조선을 보호국 삼고
병력과 함대를 보내기로
했다던데 말이죠?!

일단 주청 러시아 공사를 닥달.

주청 러시아 대리공사
라디젠스키

아이고!! 그 무슨 황망한
가짜 뉴스입니까요?!

러시아는 이 교섭이 빨리
타결되기만을 바랄 뿐인데요!!

당시 톈진에서는 거문도 문제 해결을 위해 청이
영국과 러시아를 상대로 교섭을 진행 중이었고-

영국 씨, 아프간 국경 문제도
해결되었으니 거문도에서
철수하시지요?

중국 씨! 러시아와 함께
영국의 거문도 철군을
압박합시다!!

러시아가 조선 쪽에
세력 뻗치지 않을 거라고
청이 보증해야만 철수하겠소!!

대충 청과 러시아 간 교섭이
어느 정도 합의를 향하고 있었다.

러시아는 조선에 터치 안 함.
청은 이를 영국에 보증함.
청·러는 영국의 거문도 철수를 촉구.

그런데 살짝 걸리는 것이-
'누구든 조선의
현 상황 변경 금지'라는
항목인데요.

그게 왜요?

아니, 청은 조선에
'누구든'이 아니란 말이죠.

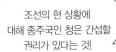

조선의 현 상황에
대해 종주국인 청은 간섭할
권리가 있다는 것!
러시아가 '함께'
터치하지 맙시다- 할
계제가 아니라고요.

조선에 대해 청과 대등한
위치에 서려 들지 마쇼!

조선에 대해 일본이 청과 동일한
출병 권리를 담은 텐진조약을 맺은 것도
청의 조선 종주권에 큰 타격인데,

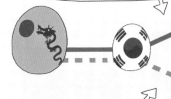

또다시 조선에 대해 러시아가
청과 대등한 위치를 갖는다는
약조를 성문화할 수는 없다!

양국의 조선 현황 변경 금지
조항은 받아들일 수 없고요,
이 교섭 내용을 정식 조약으로
성문화할 수도 없습니다.

아니, 그게 무슨;;
대국답게 교섭합시다;

그렇게 청·러 간 교섭에
살짝 걸림돌이 있던 와중-

으잉?

2차 조러밀약설

저게 뭡니까?!!
역시 조선에 대해 러시아는
흑심 만땅이었군요!!
무섭네!! 무서워!!!

아니, 아니,
저런 뻔뻔한 가짜 뉴스를
진지하게 문제 삼는 거?!

전 세계가 러시아의
야심을 지켜보고 있소이다!

이에 상트페테르부르크는—

하, 중국놈들 진짜
별 더러운 수작을
다 벌이는구나.

뭐, 어차피 조선에 우리가
관여할 단계가 아니다.
극동에는 아직
우리 손이 닿질 않아.

중국놈들 요구 대충 다 들어주기로 함.

ㅇㅋ, ㅇㅋ! 조선 문제는 우리가 관여할 바 아니고, 약주를 성문화하지도 맙시다.

걍 니들 맘대로 종주국 놀이 계속하시고요~

하지만, 언젠가 머지않은 미래… 러시아의 손은 극동에까지 온전히 닿게 될 테!!

그때 다시 극동 – 조선 문제를 논할 날이 올지도….

1886년 10월,
이홍장-라디젠스키 신사협정 성사.

이제 영국 쪽에 거문도 철수 얘기 잘해주시죠.

러시아가 조선 영토 노리지 않기로 약속했습니다. 이를 청이 보증합니다. 그러니 거문도 철수하시지요.

이어서 영국 쪽에 청의 공문 전달.

주청 영국 공사 J. 월섬

긍정적인 전개군요.

11월, 영국 정부는
거문도 철수 방침을
중국과 조선에 전달.

영러전쟁 위기도 다 지나갔고,
청과 러시아, 청과 영국 간 합의도 이뤄졌고,

저런 시골 섬에 돈과 힘을
낭비하고 있을 필요 없다.

3개월 내로
철수하도록!

아이 아이 써!

씸?

그렇게 1887년 2월 5일까지 영국군은 단계적 철수 완료.

So long~

So long~

So long~

So long~

섬을 떠나며 거문도 주민들과
조촐한 송별회도 가졌는데요—

So long~

소 롱?

이때 영국군이 내놓은 메뉴—
본 브로스(Bone Broth) 수프가

So long 탕 → 솔롱탕 → 설렁탕
—이 되었다는 설도 있다던가….

없음.

그렇게
거문도 위기는 대충
케이스 Closed….

한 건 해결!

그러니까 자네도
서울에서 일 더 크게 만들지 말고
대충 덮도록 하게.

엡~ 엡~
러시아와 영국 쪽
일이 잘 풀리셨다니
다행입니다~

조선에서는
2차 조러밀약설 사건의 여파로
민영익이 실각해
상하이로 떠났고,

김가진, 정병하 등이
원세개에 의해 반청파 인사로
지목되어 유배行.

대충 반청 성향
신하들 쫓아내는 걸로
마무리 짓죠!

(하; 원세개 같은
놈과 어울리다가
이용만 당하고;
바보 조카 같으니:)

대충 요약하면 국제정치 생태계
피라미드 최하위인 조선을
집어삼키지 않고 신의로
보전해줄 나라는 청뿐이라는
이야기죠!

원세개는 한아 밀약설 정국에
〈조선대국론〉을 임금에게 바쳐
청 간섭 정치의 논거를 피력한다.

그러니까, 소위 감국대신의
지도편달을 감사히 받으라는
(개)소리구먼.

옙!! 2차 조러밀약설 파동을 거치며 조선 조정을 길들여 감국대신 원세개의 권위와 영향력을 제대로 확립했습니다!!

한반도에 도래한 원(세개) 간섭기!

조선은 내 천하 입신의 발판이 되어줄 것이다!

근데, 조선에서 거문도 위기니, 조러밀약설이니 시끄러웠던 와중에 어째 일본놈들이 조용하다?

텐진조약 이후로 조선 쪽은 별로 신경 안 쓰나?

· · · · · ·

아아, 신경 안 쓰는 걸 다행으로 여겨야 할 텐데요?

일본제국은 현재 열심히 업그레이드 수련 중입니다. 그 성과를 기대해주시길.

NIPPON

제 4 장

폐관수련

1884년 12월, 갑신정변 후 일본으로
망명한 김옥균 일당.

(박영효, 서광범, 서재필은 일단 미국으로 갔고.)

일본 정부에 김옥균은 처치 곤란 불청객이었지만—

반정부 자유당계 인사들을 비롯,
많은 일본인에게
김옥균은 친일 근대화
혁명 지도자로
환영받았습니다.

강연과 각종 미팅, 토크쇼 출연으로 바쁘게 돌아다님.

그러다 보니 유흥도 가까이 하게 되고 여자도 좀 엮이게 되고– 뭐 그런 거죠.

원, 연운호색 아니겠습니까! ㅎㅎ

(갑신정변 왜 망했는지 알 만하다….)

그 균 모가지 따 오는 사람한테는 포상금과 관직을 내린다!

이런 김옥균의 목에 임금이 현상금을 걸었고 자객들이 줄지어 현해탄을 건너옵니다.

WANTED
#100000
or Career

캐논으로 원거리 저격!

조선 최초의 사진사 지운영(지석영의 형)

으어; 주상께서는 어찌 소신의 목숨을 이리 기필코 거두려 하시나이까;; 뭐가 꿀리시길래–

그리 버라이어티한 일본 생활을
이어가던 김옥균에게 접근해온
일군의 모험주의자들.

여기서 암살자들의 흉탄만
기다리고 있으시겠습니까?!
서울로 다시 돌아가 대업을
도모하셔야지요!!

자유당 내 과격파 리더   그 연인
오이 켄타로   후쿠다 히데코

어;; 음.....

이번에는
우리 쪽 지사들이 총을 들고
무력이 되어드리리다!

함께 서울로 돌아가서
갑신정변 시즌 2 ㄱㄱ!!

하지만 결국 내부 밀고로 1885년 12월,
오사카에서 오이 일당 139명 검거.

하, 역사책 한 챕터가
이리 날아가네.

짝퉁
하와이 같다.

김옥균은 이 오사카 사건과 암살
대처 등의 이유로 태평양 한가운데
오가사와라에 유폐.

그런데
오사카 사건의 재판은
이 과격파들에게
반정부 성토의 장이
되어주었으니.

이에 언론과 민권 운동은
오사카 사건 재판을 불판 삼아
정부 까기로 불타오른다.

지금은 일단 관망하며 체급 키우기,
국력 증진에 전력해야 할 시기!

그 국력 증진의 1순위는
물론 군사력!

국방 예산 증액!

육군경
야마가타 아리토모

ARMY PLAN

1886년 국방 예산 2052만 엔!
국가 예산의 25%!!

육군 군제 개혁!

1887년, 기존의 6진대에서 6개 사단으로 전환!

1개 사단 병력은 1만 8500명.
6개 사단 11만 1천 명을 채우기 위해
징병률을 6%대로 끌어올린다!

육군사관학교(1874년 개교)에 이어
1882년에 개교한 육군대학교.

1885년, 멕켈 소령이
육군대학 교수로 부임해
독일식 참모 시스템과
작전술을
일본 육군에 입식.

"나한테 독일군 1개 사단 주면
일본 정도는 1턴 컷 가능."

꾸아아악;;

※실제로 한 말

1880년에 무라타 소총의 개발로
금속 탄피 제식 소총의 국산화에 성공했고
이어서 계속 개량형들이 출고된다.

村田銃

1889년에는
연발 소총 버전까지
나오게 됩니다.

1870년대에 설립된 도쿄 조병창과
오사카 조병창에서는 유럽제 화포와
포탄들을 면허 생산 中.

이를 바탕으로
1890년대에 국산 화포들이
나오게 되죠.

해군의 경우에는 1885년 현재 총톤수 2만 8천 톤에서 1890년대에는 7만 톤대까지 확장하는 것이 목표이지요.

일단은 프랑스 청년학파 이론을 따라가 볼까 어쩔까.

해군경 사이고 주도

高雄

최초의 일본제 강철 순양함 타카오(프랑스 설계, 1888년 진수)

정치 시스템으로는 서양식 헌정(입헌 정치)을 도입하기로 약속되어 있는데-

헌법

그것 때문에 나님이 1882년부터 1883년까지 1년간 유럽(베를린) 유학을 다녀왔지요.

자유당-민권 운동권이 원하는 영국식 의회 민주주의 입헌군주제는 당연히 무리고.

다수당 대표가 총리고, 국회의원들이 장관을 맡는다!

역시 독일식 입헌전제군주제로 가야.

총리는 의회와 상관없이 황제가 임명한다!

내각은 의회와 상관없는 초연내각!

군은 의회의 통제 밖!

이를 위해 일단
천황제를 근대적으로 정비해야겠습니다.
존왕이니, 근왕이니 하는 전근대 유교 마인드의
동양풍 임금님 정치는 이제 그만.

1884년, 궁내경에 취임한 이토는
황실 자산을 국고와 분리.

(훗날 가치로)
몇조 엔의 부동산과
금융 자산을 떼어 드릴 테니
잘 굴리시기 바랍니다~

오, 이제 내 명의 카드
발급 가능한 건가요.

그리고 이어서 신체제를 지탱할 귀족들—
화족 제도도 재편합니다.

1884년 화족령에
따른 5등작 서임!

화족들에게 서양식 작위에
대응하는 동양식 공후백자남
작위를 붙여줘서
간지 좀 내보렵니다!!

공작

공작 서임 가문들: 공가의 Top인 오섭가 다섯 가문

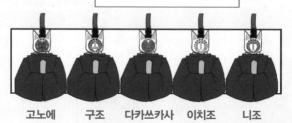

| 고노에 | 구조 | 다카쓰카사 | 이치조 | 니조 |

옛 쇼군가

도쿠가와 가문 종가

도쿠가와 이에사토

(요시노부는 1902년에
도쿠가와 분가로 따로
공작 작위를 받는다.)

무가 유신 최고 공훈─사쓰마, 조슈 번주

| 시마즈 가문 분가 | 시마즈 가문 종가 | 모리 가문 본가 |

(이때까지 살아 있어서
시마즈에게 공작 작위를
하나 더 줘야 했다…)

시마즈 히사미쓰   **시마즈 다다요시**   **모리 모토노리**

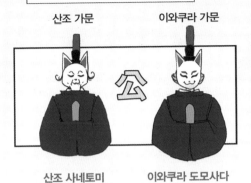

공가 유신 최고 공훈—산조, 이와쿠라

산조 가문   이와쿠라 가문

公

산조 사네토미   이와쿠라 도모사다

侯
후작

후작 서임 가문들: 공가의 청화가

구가 사이온지 도쿠다이지 가산노인 오이노미카도 이마데가와 다이고 히로타다

도쿠가와 어삼가

侯

오와리 도쿠가와   기슈 도쿠가와   미토 도쿠가와

15만 석 이상 다이묘

아사노 이케다 이케다 구로다 사타케 나베시마 하치스카 호소카와 마에다 야마우치

유신지사 Top인 오쿠보 도시미치, 기도 다카요시

오쿠보 기도

侯

오쿠보 도시나카   기도 쇼지로

도쿄로 끌고 온 류큐 국왕에게도 후작 줌.

쇼

侯

쇼타이

伯
백작

백작 서임 가문들: 공가의 대신가와 우림가 일부

오기마치산죠 산죠니시 나카노인 아스카이 아네노코지 아부라코지 오기마치 카쥬지
카라스마로 칸로지 시게노이 시죠 시미즈다니 세이칸지 소노 나카노미카도 니와타 하시모토 하무로
히가시쿠제 히노 히로바시 마츠노키 무로마치 야나기와라 야마시나 레이제이 와시노오 등

5만 석 이상 다이묘

도쿠가와 어삼경 아베 아리마 이이 우에스기 오가사와라 오쿠다이라 사카이 타치바나 다테 츠가루
토도 토다 나카가와 난부 히사마츠 홋타 마에다 마츠다이라 미조구치 야나기사와 소 마츠라 등

유신 원훈(현 정권 실세들)

이토　　이노우에　　야마가타　　구로다　　사이고

이토 히로부미　이노우에 가오루　야마가타 아리토모　구로다 기요타카　사이고 주도

> 우리 형은 사실
> 후작 받았어야
> 했는데….

子
자작

男
남작

기타 등등
기타 등등
기타 등등
etc etc
etc

> 그리고 이제
> 본격적인 헌정 도입에 앞서
> 정부 형태를 내각으로 바꿉니다.

내각

> 총리와 장관(대신)들로
> 구성된 정부!

동양적인 고대 율령제 조정의 형태를 고집했던
유신 정부를 깔끔하게 서양식으로 전환!

총리 대신 이하
내각

정부 내각과 황실을 완전 분리

황실 관련 업무를
총괄하는 **궁내성**

그리고 이 첫 내각 초대 총리대신은 —

흠, 흠.

뭐, 아무래도 당연히 이토 공이 총리를 맡아야.

근데, 총리대신이 예전 관직으로 치면 관백, 태정대신 같은 건데, 어느 정도 좀 고귀한 신분 배경이 있어야 하지 않을까요?

이토 공의 출신 배경은 좀….

이토 히로부미네 집안은 그 근본이 원래 평범한 백성 농민.

아버지 대에 아시가루 신분을 얻었다고….

귀족 꼰대들이 이토의 집안 배경을 두고 우려를 표함에 —

아아; 이제 내각제의 총리는 서양인들과 만날 일이 많고, 영어 전문 읽을 일도 많을 것이기에 영어를 할 줄 아는 사람을 앉혀야 합죠.

G7 정상회의 가면 정상끼리 통역 없이 얘기하잖습니까.

과연   나루호도…

이노우에와 야마가타의 지원으로 논란을 넘기고.

1885년 12월, 이토 히로부미의
일본제국 초대 총리대신 취임.

44세의
젊은 수상!

뭐, 한 100대 총리쯤
가면 더 젊은 총리도
나올 수 있겠지.

이 내각제 정부는
테크노크라트 정부가
되어야 한다!

이를 위한 엘리트 관료
꿈나무 육성 시급!

일본의 두뇌를 키우자!!

엘리트 정부 관료를 '과거 시험'으로
뽑는다는 유신지사들의 유교적 이상은
1887년 공무원 고시 실시로 실현!

물론 그 시험 과목은
영어와 법률, 세계사 등
서구 신학문이죠.

1886년, 제국대학령 공표로
엘리트 양성 코스 시작!

이에 따라 '도쿄대학'이
'도쿄제국대학'으로 개편.

제국대학 출신은 공무원 시험에서
일부 무시험, 가산점이 있는지라 실로
국가 엘리트 양성의 요람이라
할 수 있었지요.

국립대학이니까 등록금도 저렴하겠군요!

아니, 사실 초기 제국대학 등록금은 1년에 25엔으로 초임 공무원 연봉 반년치에 달하는 고액이었다….

오히려 사립대학 등록금이 더 저렴했을 정도.

이제 쏟아져 나올 대학생들은 대기업에 취직하셔야겠지?

이와사키 야타로는 1885년에 사망했지만, 그가 세운 미쓰비시 재벌은 더욱 번영.

미쓰이, 스미토모와 함께 일본 3대 재벌 구도를 형성!

해운! 조선! 광산! 견직!

일본 경제는 재벌이 캐리합니다!

전기! 면직! 금융! 무역!

-라는 건 저 부패한 정관유착 재벌들의 오만함이고-

자본주의 부의 풍요는 재벌들만의 것이 아닌 천하 모두의 것입니다~

**제일은행 총재
시부사와 에이이치**

舊막신이자 대장성 핵심 관료였던 시부사와는 여러 은행과 주식회사를 설립하며 일본인들에게 자본주의 복음을 널리 전파한다.

금융을 통해 자본을 모으고 투자해 더 큰 부를 만듭니다! 생산력 증진과 기술 혁신의 선순환 실현!

제일은행 도쿄 저축은행 사이타마 은행 도쿄가스 이시카와 조선소 도쿄 증권거래소 라이언 도쿄 전등 아사노 시멘트 오사카 방적 도쿄 비료 삿포로 맥주 일본제당 일본 피혁 코미코

은행 만들고! 주식회사 만들고! 증권시장 만들고!

주식을 통해 다 함께 돈을 모아 더 큰 부의 바다로 나아갈 수 있습니다! 돈이 복사된다고요!!

사람들과 자본을 모아 수백 개의 회사 설립에 관여한 시부사와. 일본 자본주의의 아버지라 할 만하죠.

이렇게 1880년대 중후반 일본은 군사력 증강과 정부 제도 개편, 교육과 식산흥업에 힘을 쏟으며 국력 트레이닝 중입니다.

사실 이 시기 경기가 딱히 호황은 아니지만….

각하!! 일 났습니다!!

뭐, 주식 폭락이라도?

팟

아니, 사고입니다! 사고!!

오늘 저녁 늦게,
영국 선박 한 척이
와카야마 앞바다에서
침몰했습니다!!

WIS DOM 와카야마 근해 영국 선박 난파

선장 이하 외국인 승무원 24명은
전원 무사히 탈출해
구조된 것으로 알려진 가운데,

일본인 승객 25명은 전원
배에 남겨져 생사 확인이
불가능한 상태입니다!!

WIS DOM 일본인 승객 25명 생사불명

1886년 10월 24일,
노르만톤호 침몰 사고.

굽씨의 오만잡상

유가의 《예기》에 기록된 공후백자남(公侯伯子男)의 5등작은 그 기원을 고대 주나라에서 찾을 수 있다고
합니다. 이 5등작은 중국의 영향을 받은 동양 전체에 널리 퍼졌고, 실제로 동양사를 수놓은 인물들을 언급할
때 '뭐뭐-공', '무슨-후', '어디-백' 등의 호칭을 종종 사용합니다. (회음후 한신이라든가, 봉화백 정도전이
라든가.) 그 의미와 체계가 엄밀한 것은 아니고, 지역과 시대에 따라 두리뭉실하게 명예 훈위 정도로 쓰여
온 느낌이 있지요. 일본에서도 막부 말기, 유교적 언어로 잘난 척하는 사람들이 지역의 여러 다이묘를 '제후',
'열후'라 칭했습니다. 이러한 동양 5등작과 유럽의 듀크, 얼, 바론 등의 작위는 근본이나 체계, 의미에서 궤
를 달리합니다. 다만 유럽의 작위를 동양인들에게 익숙한 명칭으로 의역해야 한다면, 5등작을 갖다 붙이는
게 그럴듯했겠지요. 그렇게 유럽 귀족 작위의 5등작 번역이 19세기 중엽 동양에서 슬슬 나타나기 시작한 모
양인데, 이를 '듀크=공작', '마퀴스=후작', '얼=백작', '바이카운트=자작', '바론=남작'으로 확정해 소개한
것은 1869년 후쿠자와 유키치가 작성한 〈영국의사원담〉으로 알려져 있습니다. 영국의 의회제도를 소개한
글로, 영국 상원의 귀족들을 5등작으로 설명합니다. (덤으로 템스강 하저 허널도 소개하고….) 서양 귀족들
을 이렇게 5등작으로 칭하는 것이 사람들 입과 귀에 착착 잘 붙었던지, 이후로 언제부턴가 공후백자남의
작위는 서양 귀족을 떠올리게 하는 단어로 자리 잡아갔습니다. 1884년 화족제도의 명칭 개편 때, 5등작은
동양 고래의 《예기》에 기반을 둔다는 것이 일본 정부의 공식 입장이었습니다만, 그 무렵이면 5등작에서 주
나라보다는 서양 귀족을 떠올리는 사람들도 많지 않았을까 싶습니다. 사실 이후 화족 백작은 주나라 5등작
의 '백'보다는 19세기 중후반 영국 사교계의 '얼'에 더 가까운 느낌으로 받아들여졌으니, 사회적으로나 문화
적으로나 그리 통용된 감이 있지요.

그렇게 일본의 오래된 귀족들은 대규모 패치를 통해 제국의 새로운 귀족으로 재편되었고, 그들의 임금처럼 서
구화 롤모델 역할에 정진했습니다. 화족들은 양복을 입고 마차를 타며 커피와 위스키를 마시고 침대에 올라
잠들었습니다. 일본 귀족 예법과 유럽 귀족 예법이 기괴하게 결합한 화족 예법은 오늘날 애니메이션 등에서
코믹하게 재현되곤 하지요. 화족 자제들은 피아노와 바이올린을 배우고 신학문을 익히기 위해 유럽 유학에
나섭니다. 덕분에 적잖은 화족 학자가 고고학, 언어학, 동물학 등의 영역에 족적을 남기게 되지요.

그런 서구화 노력이 큼지막하게 물실화한 것이 도쿄의 옛 번화나 시골의 옛 영지에 세워진 서양식 대저택
'양관'. 서양인 건축 기사를 불러 만든 유럽 낭만주의 양식의 외관과 부분적으로 일본 전통가옥 구조를 들인
화양절충 양식이 기묘한 풍미를 자아냅니다. 양관은 그 화려하면서도 낡고 음침한 분위기로 오늘날까지 일본
추리소설의 인기 배경으로 사랑받고 있습니다. 아깝게도 이 양관들은 20세기의 불지옥과 도쿄의 재개발 쓰나
미를 거치며 대다수가 쓸려나가게 됩니다. 오늘날까지 살아남아 문화재가 된 양관의 빛바랜 스테인드글라
스에 박제된 근대의 잔광은, 여전히 제국 귀족들의 뒤틀린 노스탤지어를 속삭이고 있지요.

제 5 장

난파

1886년 10월 24일, 와카야마 앞바다에서
영국 선박 노르만톤호 침몰.

어쩌다 이렇게
된 건지 모르겠어;

선장 이하 외국인 선원 24명은 전원
구명정을 타고 탈출.

일본인 승객 25명이 노르만톤호에 탑승 중이었는데—

아, 도대체 무엇을
붙잡아야 하나요;;

일단 승무원들이
다 구조된 걸
신께 감사드립니다.

일본인 승객 25명은
어떻게 된 거죠?!

음;; 함께 기도합시다.

이에 드레이크 선장은
치외법권 조항에 따라
고베 영국 영사관의
영사재판에 붙여졌고.

드레이크 선장은 무죄방면.

이에 일본 여론이 끓어오르고.

일본 정부는
드레이크 선장을 살인죄로
요코하마 영국 총영사관에 고소.

승객 25명을 죽게 한
무책임 선장의 처벌,
제대로 부탁드립니다.

응, 그냥
도의적 차원에서
징역 3개월, 땅땅땅!

끄아악?!!

요코하마 총영사관도 솜방망이 판결을 내렸으니.

선장은 분명히 선실의 승객들에게 탈출을 권고했지만,

Get out!!
dom hwang cha!!

아; 아이 캔 낫
잉구리시;;

영어를 알아듣지 못한 승객들이
선실에서 나오지 않았다고
주장한 것.

개소리를 영어로
뱉으면 개소리가
아닌 줄 아냐?!

일본인들을 다
바보로 보는갑네!!

영사재판
엉터리다!!

이 판결에
일본 전국의 여론이
끓어오르고.

이 꼬라지는 다 치외법권 때문이야!!

정부가 국민 목숨보다 양놈들 비위 맞추는 걸 더 쥼이 어긴다!

이러한 여론의 폭발은 자유·민권 운동 세력의 움직임으로 이어졌다.

그렇다! 정부가 개객기다!

DEMOCRACY 自

당시 자유·민권 운동의 큰 세력으로는 일단 도사 세력이 주도한 자유당계가 있었고.

이타가키 다이스케

LIBERTÉ 自

고토 쇼지로

일본 최초의 근대 정당, 자유당! 서구형 진짜배기 민주주의를 추구한다!

메이지 14년의 정변으로 실각한 오쿠마 시게노부가 창당한 입헌개진당 라인이 있었으니.

입헌개진당 立

자유당보다는 덜 급진적이고 좀 더 대정부 타협적이다.

자유당 당수 이타가키는 1882년의 암살 미수 사건 때 명언을 남겼고ー

"이타가키는 죽어도 자유는 죽지 않는다!!"

(안 죽음.)

유신의 공으로 백작 서임을
받았을 때도 작위를 거절하는 등
자유·민권 운동의
대부로서 그 위상을 확고히 해왔다.

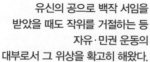

.....

데모크라시 만민평등을
추구하는 이들이 어찌
신분제 귀족 운운을
기꺼워하겠는가!

(나중에 받기는 받음.)

데모크라시의 본고장
프랑스! 하지만
임금 목을 친 건
일본 정서와는 좀
맞지 않는 부분이군요.

1882년 말에서 1883년 6월까지
유럽, 특히 프랑스를 중점적으로
시찰하는 수학여행을 다녀왔는데—

이때 일본인 최초로
루이비똥 가방을
구입했다고.

이 유럽 여행의 경비 출처를
놓고 시비가 벌어짐.

정부, 미쓰이 재벌이
여행 경비를 댔다더라!

고결한 운동권
선생님인 척해도,
결국 정부와 재벌 돈은
달달하다는 게지!!!

이타가키의 권위에
꽤 흠집이 나게 되고.

루이비똥도
그 돈으로
샀습니까!?

확고하고 통일된
리더십을 갖지 못한
자유당계 민권 운동은
온갖 주의, 주장과
분파로 갈라져
사분오열되었으니.

조선 출병!!
대청 개전!!

빈농에게
토지를!

지주, 부농이
자유당의 근본!

납세액 차등
선거권 반대!!

납세액 차등
선거권 찬성!

나카에 초민과 사이온지 긴모치 등의
서구 리버럴 계열도 있고.

프랑스 유학파들이라
'불학당'이라 불렸지요.

불한당 아님.

사회주의적 이상을 추구한
자유당 좌파도 있고.

인력거
노조 결성!

오쿠노미야 켄시

국수주의로 흐른
겐요샤 계열도
그 뿌리를 자유당계
민권 운동에 둔다.

존왕양이! 大아시아주의!
조선으로!! 대륙으로!!!

도야마 미쓰루

1880년대 전반, 자유당계 급진 과격주의자들은 줄줄이
소요와 폭동, 공안 사건을 이어나갔고.

I'm a
Radical!

세상을 흔들어!!

Hit it, beat it!
번벌 정부 타도!!

김옥균이 엮인
1885년의 오사카 사건도
자유당계 급진 세력 소요의
한 흐름이었던 것.

1882년의 후쿠시마 사건, 1883년의 타카다 사건,
1884년의 치치부 사건

무한 파벌 분열과
급진파의 소요 릴레이에
신물이 난 이타가키는
결국 1884년 10월에
자유당 해산을 결행.

분란과 음모로 찌든
단톡방은
폭파가 답이지;;

펑!

으어어~

입헌개진당도
오쿠마가 잠수 타서
개점휴업 상태.

그렇게 1880년대 중반의
자유·민권 운동은 자유당 해산과
파벌 분열로 지리멸렬 상태였다
할 수 있었는데—

으잉?!?

그 타이밍에 터진 것이
노르만톤호 사건!

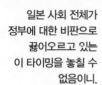

일본 사회 전체가 정부에 대한 비판으로 끓어오르고 있는 이 타이밍을 놓칠 수 없음이니.

강약약강의 더러운 번벌 정부!

굴욕외교 분쇄하자!!

대동단결!

분열된 자유당계 파벌들이 대동단결해 반정부 투쟁을 이끌고 다가올 헌정의 주도권을 쟁취합시다!

초민과 호시 도루, 고토 등이 범자유당계 '대동단결 운동'을 주창.

치외법권 불평등조약 개정도 못 하는 굴욕외교 무능 정부!

양놈 앞잡이 번벌 정부 타도하자!

큿; 꿘놈들이 껀수 하나 잡았구나;;

이 핀치를 벗어나려면 서양과의 불평등조약 개정을 서둘러야겠어요;;

음; 조약 개정은 계속 추진 중이긴 한데;;

거, 좀 빨리 가시적 성과 나올 수 있는 걸로 서둘러주세요;;

거, 치외법권 때문에 우리 정권 무너지게 생겼습니다.;;

외무대신 이노우에 가오루는 서양 각국과 치외법권 부분에 대한 교섭을 급히 진행.

어;; 그래도 조약을 갑자기 새로 갈아엎을 수는 없지요.;;

앞으로는 서양인에 대한 재판을 영사관에서 영사재판으로 하지 않고,

1887년 중순, 치외법권 부분에 대한 개정안이 윤곽을 드러냈으니,

일본 정부가 임용한 서양인 판사들이 주관하는 양놈 전용 재판소에서 하기로-

이건 또 뭔 신박한 개소리여?!!

일본에서 양놈들이 양놈들을 재판한다는 부분이 전혀 바뀐 게 없잖아!

이제는 아예 양놈 판사 월급까지 일본 정부가 줘야 된다는 소리냐?!

뭐 이딴 무뇌 개정이 다 있어?!

됐고, 이 〈3대사건건백서〉나
받으시오!! 이 껀수들이 해결되어야
이 반정부 플로우가 진정될 것!

1887년, 2부 18현 대표들이
〈3대사건건백서〉를 정부에 통고.

1. 언론 자유!!

맨날 신문 검열하고
정간, 폐간으로
협박 마시오!

2. 지조 감면!!

농민들 세금 좀
줄여주시오!!

3. 불평등조약 개정!!

저렇게 꼼수로 넘어가려 하지 말고 진짜
근본적으로 서양 각국과의 조약 자체를 재협상하고
개정해 평등조약을 맺어주시오!!

나라 위에 나라 없고
나라 밑에 나라 없다!

얼씨구~

이처럼 1887년의 정국은
자유·민권 운동의 가열찬
공세로 번벌 정부가
크게 수세에 몰린
형국이었으니.

이 기세로
번벌 정부를
무너뜨리자!!

일본에서도
시민혁명 함
해보자!!

으음‥ 슬슬
어떻게든 조치를
취해야‥

고민할 거 뭐 있소이까!
강경하게 밀어붙입시다!
예의 그 조치 발동을
승인해주시오! 총리!

으음‥

경시총감
미시마 미치쓰네

그리해봅시다…

1887년 12월 25일.

보안조례 공포!!
이 시각부터 이하의
보안조례에 따른 조치들이
즉각 실행된다!!

근위사단 병력이 황거와
대신들 자택에 배치되어
계엄에 준하는 경계를 갖추고.

범상찮은 시국의 특별 조치에 따라
요주의 인사들을 황거 3리 밖으로
추방토록 한다!

아니,
무슨 크리스마스가
이따구야;;;

이에 따라 반정부 인물 570명이
이틀 안에 도쿄 밖으로 모두 추방된다.

더불어 사회를 어지럽히는
집회와 결사를 금하며
즉각 구금 조치를 시행한다!

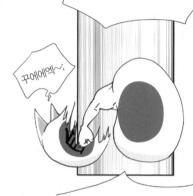

꾸에에엑~;

자유·민권 운동의 총공세는
정부의 강력한 힘에 의해
분쇄되었다!

이노우에 가오루의
외무대신 사임.

동시에 여론 무마책도
진행해야지요~ㅎ

1888년 2월,
오쿠마 시게노부가
외무대신으로 입각.

쳇.

입헌개진당 당수인 오쿠마를
외무대신으로 앉혀서 자유·민권 운동의
대오를 흔드는 거죠~

이제 언론 논조가 좀 달라질 게야.

언론에 대해서도 강력한 당근과 채찍 공작을 진행.

어; 음; 비상한 시국에 외국과의 관계를 고려해 조약 개정은 시간을 들여 천천히 진행해야;;

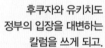

후쿠자와 유키치도 정부의 입장을 대변하는 칼럼을 쓰게 되고.

조약 개정 운동이 지나친 반서양 운동으로 흘러 영국이 일본을 경원시하게 되면 이는 향후 국제정치에서 일본에 크게 불리해질 일이다….

그렇게 자유·민권 운동 공세는 정부의 반격으로 분쇄된다.

이제 약속된 헌법 제정과 의회 창설의 1889년으로!

1880년대 중후반의 험난한 불길들 잘 건너왔다!

그리고 이 헌정 실시의 최종 예비 단계를 다지기 위해, 헌정에 반대해왔던 수꼴파의 거두 구로다 씨에게 총리를 넘깁니다.

총리 드릴 테니 헌정 준비 잘해주실 거죠?

1888년 4월, 구로다 기요타카가 2대 총리로 취임.

○○, 생각해보니 헌정이 확실히 근대적인 문명 정치 같군요~ㅎㅎ

그리고 추밀원을 창설해 나님은 추밀원 초대 의장으로 이직합니다.

1888년 4월, 추밀원 창설.

행정부의 정책과 의회의 입법에 대한 천황 폐하의 승인에 대해 자문하고 헌법을 해석하는 원로 모임이라 하겠습니다.

이제 앞으로는 테크노크라트 관료 기구와 서양인들에게 보여줄 장식 의회 그리고 이들을 천황제와 에뮬레이팅해줄 추밀원. 이 구조로 정치가 굴러갈 것입니다.

제 6 장

헌법 공포

1888년, 구로다가 2대 총리가 되어
헌정 전야의 정국을 이끄는 동안–

조슈가 총리 한 번 하고,
다음은 사쓰마가 하고,
뭐, 그런 거죠.

이토는 추밀원에서 헌법 제정의
마무리 작업에 한창이었으니.

사실 나님 경력란에는
유신지사, 정치인 말고
헌법학자도 쓸 수 있죠.

밀토헌어도
추가하써야.

헌법 작성으로 일본도 서양과 같은
근대 입헌국가의 반열에 오르고–

자유·민권 운동권도
헌정–의회 개설에
만족해할 것이다.

오, 의회에서
우리가 다수당 차지하면
민권 운동권이 정권
차지할 수도 있겠군요?!

–라는 착각을 일찌감치 차단합니다!!
헌정이든 헌옷이든! 의회든 물회든!
일본제국 내각 행정부는
초연주의로 간다!!

엥?

뭐뭐에 초연하다–
할 때의 그 초연!
超然

구로다 총리
초연주의 천명!

즉 정부 내각은
정당 정치 세력과는 초연하게
번벌 라인 엘리트 중심으로
굴러갈 거라는 얘기입니다.

뭐라?!

저 포퓰리즘 정당 정치
국회의원놈들한테 나라를
어찌 맡기겠소이까!

헌정을 시작해도 의회에
권력을 주지 않고,
애국 번벌 세력이 나라를
계속 이끌어가겠다는
초연주의 선언!

아니 그게
무슨 개소리요?!

그럴 거면 헌정을
왜 하는데?!

삿초 번벌이 무슨
당위로 정권을 계속
잡고 가겠다는겨?!

아니 뭐, 일단 내각 구성에서도 우리 번벌 세력이 아니면 어떤 인재풀로 정권을 구성하겠소이까?

구로다 내각의 훌륭한 면면들을 보시라!

조슈벌

내무대신
야마가타 아리토모

사법대신
야마다 아키요시

사쓰마벌

문부대신
모리 아리노리

대장대신
마쓰가타 마사요시

해군대신
사이고 주도

육군대신
오야마 이와오

사가벌,
입헌개진당

舊막신

구로다와 친한
에조공화국 수괴.

etc

외무대신
오쿠마 시게노부

체신대신
에노모토 다케아키

이 무슨
번벌 카르텔
정권이냐!!

응, 일본은 천년만년
삿초 번벌이
해 먹을 거야.

그러는 동안
드디어
헌법 원고 마감!!

1889년 2월 11일,
대일본제국헌법 공포!

옛다, 흠정헌법
받을지어다.

근대 헌법답게 대충 사유재산권,
종교의 자유, 언론·출판·집회·결사의 자유,
인신의 자유, 재판권 등등이 들어가 있고요,

근데~ 그것들은 모두
'신민'에게 내려주신
폐하의 성은이기에
필요에 따라 제한될 수 있다지요….

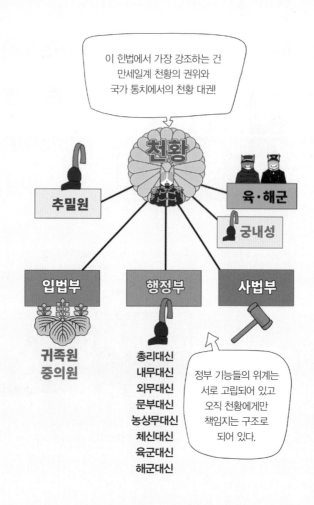

이 헌법에서 가장 강조하는 건 만세일계 천황의 권위와 국가 통치에서의 천황 대권!

천황

추밀원

육·해군

궁내성

입법부

행정부

사법부

귀족원
중의원

총리대신
내무대신
외무대신
문부대신
농상무대신
체신대신
육군대신
해군대신

정부 기능들의 위계는 서로 고립되어 있고 오직 천황에게만 책임지는 구조로 되어 있다.

이 헌법에 따라 다음 해인 1890년 7월에 총선거를 실시, 양원제 의회를 개설하기로.

귀족원

중의원

공작, 후작은 귀족원 종신 의원으로, 백·자·남작은 총원(약 110~150명)의 20%를 귀족원 의원으로.

중의원 총원 300명은 민선으로 선출.

의회는 입법부니까 당연히 법안을 만들고 의결하는 거겠지요?

ㄴㄴ, 이 헌법하에서 **입법권**은 **천황 대권**임.

의회는 정부가 제출하는 법안에 대해 **'협찬'** 여부를 결정할 뿐.

· · · · · ·

아, 물론 의회에서도 법안을 제안할 수는 있음. 그리고 정부는 그것을 그냥 거부할 수 있고.

어… 그래도 납세자들을 대표하는 의회니까 예산안 빠꾸 놓을 수는 있겠지요?

그게….

예산안에 대해서도 의회가 갖는 권한은 **'협찬'**권이기 때문에 예산을 삭감할 수는 있어도 부결할 수는 없음….

그리고 사실 정부가 맘만 먹으면 의회의 **'협찬'** 없이 예산을 집행하는 것도 가능한 구조지요….

· · · · · ·

입법부가 아니라 **'협찬'** 기관인 의회 따위, 대체 존재 가치가 뭐죠?

그냥 서양에 보여주기용 장식 의회 아닌감요?!

어… 나는 진짜 **'승인'**으로 적고 싶었는데 '협찬'이 아니라면 다른 원훈들이 추밀원에서 컨펌을 안 내준대서 말이죠;;

이런 꼬라지니, 당연히 의회에서 다수당이 정권을 잡고 당수가 총리가 되어 내각을 구성한다는 의원내각제 같은 건 꿈속의 꿈 같은 얘기일 뿐.

하지만 말입니다ー

미개하다~ 미개해!

어차피 이 19세기 말, 제대로 의회민주주의ー 정당 정치하는 나라는 영국, 미국, 프랑스 등 손에 꼽을 정도에 불과하고.

뭔 전제왕정이니, 백두혈통이니, 미개하다~ 미개해.

전제왕정 국가들의 헌정이라는 건 다 고만고만한 수준 아니던가!

웰컴 투 더 왕정 구락부!

이런 놈들도 다 서구 '근대' 국가지.

뭣보다 중우정치 당파 싸움 국회의원놈들에게 나라의 키를 맡기기에는 이 시대가 험난하다!

학력과 시험으로 능력이 입증된 엘리트 관료들과 충군 이념 투철한 군인들이 나라를 이끄는 데 정당 정치꾼들의 방해는 필요 없다!

그런 엘리트 관료-군 시스템 국가의 최고 수뇌부는 그 인맥 피라미드의 꼭대기에 선 '원훈' 그룹.

유신 공신들인 우리 '원훈'들이 총리와 대신들을 정하고 국가의 진로를 결정하지요.

점차 '원로'라 불리게 된다.

뭐, 이딴 시스템을 만들어놓고 근대 헌정 국가가 되었다고 자축하고 자빠졌나;;

근데, 이게 또 학자들 의견에 따라서는, 헌법 없는 영국과 헌법 해석 내전을 벌인 미국 사례 등을 참고해보면−

헌법 해석에 따라 이 헌정이 의회 민주주의 시스템으로 발전 가능할 수 있다고도 하니까… 희망을 놓지 말아보자고.

아무튼, 저 경사스러운 헌법 공포일인
1889년 2월 11일에
문부대신 모리 아리노리 암살.

감히 이세신궁 경전에
신발 신고 올라가다니!!

그리고, 뭐
영어를 공용어로?
혼혈 장려로
일본 인종 개량?!

시대를 앞서간 혜안이
언젠가
인정받을 거다!

이에 체신대신 에노모토를
문부대신으로 이직.

체신대신에는 자유당 대동단결 운동
지도자인 고토 쇼지로를 등용.

원, 고토 공도 충분히 원훈 그룹에
자리할 만한 공신 아니시오이까!

ㅎㅎ;;

물론 이는 자유·민권 운동의
분열을 꾀하는 술수였기에ᅳ

크악! 변절자
고토!!

백작 작위도
낼름 받았다지!!

이러니 자유·민권 운동이
결국 도사벌의 권력 게임
수단일 뿐이라는
얘기가 나오지!

아니; 그 자유·민권 운동도
정부에 들어가서 더 효과적으로
추진할 수 있는
길이 있다랄까;;

그렇게 조약 개정에 대한
서양 각국의 양해를 얻어 왔습니다.
5년 후에 치외법권 폐지,
12년의 유예기간 동안
외국인 판사 임용해 외국인 재판.

12년 후에
완전 평등조약
가능!

크액!! 12년 같은 소리
하고 앉았네!!

〈노예 12년〉이나
보고 반성해라!!

여론은
오쿠마의 조약 개정안에
분기탱천.

이노우에의 개정안보다
나을 게 뭐냐!!

12년 희망 고문이
더 악질이다!!

큿; 12년
금방인데!
아이유 〈좋은 날〉이
12년 전이라고!

12년은 개뿔!
지금 바로
지옥으로
보내주마!

아이쿠!
하나, 둘..

1889년 10월 18일, 겐요샤 前 회원인
구루시마 쓰네키가 오쿠마에게 폭탄 투척.

오른쪽 다리가
날아간다.

구루시마는 폭탄 투척 후 자결.

굴욕조약 분쇄하자! 천황폐하 만세!!

오오, 열사다! 열사!!

의거로 여겨져 꽤 존경을 모으게 된다.

그리고 '칼 맞은 놈도 잘못' 룰에 따라 일주일 후 구로다 내각 총사퇴.

물론 그 룰은 여론의 향방에 따라 적용되는 룰이지요….

조약 개정안도 백지화… 바보 국민 같으니….

그리하여 총리 자리는 다시 조슈벌로.

1889년 12월, 야마가타 아리토모 3대 총리에 취임!

하, 결국 내년 총선거는 내가 맡아야 하나;;

이토 히로부미가 능수능란한 자신의 개인기에 의지하며 조직을 키우지 않는 솔로형 정치인인데 반해―

여러 사람과 두루두루 친해야지. 괜히 라인 만들고 파벌 싸움 엮이면 피곤하다.

야마가타는 일찍부터 군부 내에서
라인과 파벌 양성에 힘쓰며
'자기 사람들'을 성으로 삼는
보스형 정치인이었다.

정치는 결국
조직 만들기가
알파요 오메가다.

자유·민권 운동 세력을 대할 때
이토는 좀 더 타협적이고
여지를 열어두는 데 반해─

오호?

뭐, 언젠가는 진짜
의회 정당 정치도
가능하지 않을까
싶을지 어떨지～

야마가타는
정당이라는 존재 자체를
예비 역적으로 여기는
수꼴이었다.

으어;;

이 꾄놈들 씨를 말리는 것이
제국 천년 대계의
전제조건이다!

뭣보다 야마가타는
프로이센 모델을
국가의 이상으로 삼은
19세기형 군국주의자.

군대가 국가를
소유한다!

강력한 대육군 건설!
선군주의가 제국의
영광과 번영의 초석이다!

아니, 대체 섬나라에
징병제 육군이
왜 필요?!?

징병제는
오무라 선생의
유지올시다!

야마가타의 이러한 군국주의 성향은
일찍부터 군부 내에서부터
충돌을 빚어왔으니-

1870년대 초중반,
야마다 아키요시와의 징병제 논쟁.

과연 일본이
언제까지나
섬나라일까?!

야마가타가
여기서 승리하면서
육군의 Top으로서
육군에 개인 왕국 건설 시작.

하; 법조계로
전직합니다;

자! 모두
군대 가자!

전직한 야마다 아키요시는
일본 사법의 토대를 닦는다.

다니 다테키	도리오 고야타	소가 스케노리	미우라 고로

월요회 4장군

야마가타의 군부 장악에
1880년대의 마지막 걸림돌.

제 7 장

Over the Line

육사 1, 2기 생들을 중심으로 모인 스터디 그룹 '월요회'.

이 월요회의 고문으로 다니, 소가, 도리오, 미우라-
4장군이 자리했고

야마가타 라인, 삿초 출신만 성골 진골인 썩은 물 친목 군대가 되어부렀에!!

19세기 하나회냐?!

이들은 육군 내 反야마가타 세력의 중핵이 되어 反번벌 운동을 이끌었다.

특히 미우라는 야마가타의 숙원 사업인
군 사단제 개편 프로젝트를 대놓고 반대.

이 섬나라에서 왜 대륙형 육군을 지향한단 말입니까?!

평시에 그런 상비 사단을 굴리는 건 돈 낭비! 인력 낭비!! 탄소 배출 증가!!

미우라의 군제 계획안은 이토와 천황도
솔깃해할 정도로 한때 지지받았고.

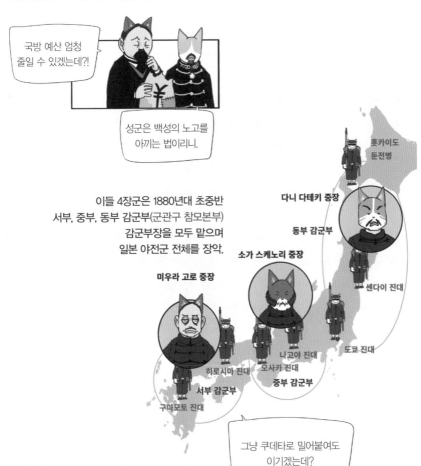

하지만 야마가타가
육군에 구축해놓은
야마가타벌의 조직은
실로 철옹성이었으니.

(나님은 내무경으로
살짝 빠져 있을 테니
자네들 선에서 처리해주게.)

오야마　가쓰라　오카사와　고다마
이와오　다로　　구와시　　겐타로

1886년, 육군대신
오야마 이와오는
무관 진급령을 발안하며
벼랑 끝 전술 시전!

감군부의 인사권을 없애고
장교는 연공 서열에 따라
공무원 방식으로
진급하도록!

받아들여지지 않으면
삿초계 장교
총사직하겠소이다!

크읏;
더러운 수작을;;

이에 당시 총리 이토가
야마가타벌의 손을 들어주면서
감군부가 폐지되고
4장군파 일제 실각.

(어쩌고저쩌고해도
나님도 결국 조슈벌…)

4장군은
모두 전역하고
월요회도 해체.

아오, 저 번벌놈들
안 보이는 서버로
떠야겠습니다….

햣햣! 이제 명실공히
내가 육군막부의
정이대장군이다!!

이후 수십 년에 걸친
야마가타벌의
군-관 독주가 시작된다.

하지만 육군 내, 反야마가타 기운은
새로운 새싹들로 계속 맥을 이어간다.

미개하다.
미개해….

궈사츠
헤머락~

육군대학 1기 수석
도조 히데노리 대위

아들 히데키(3세)

자, 이제 걸림돌도
다 치웠고!
글로벌 스탠다드-
사단 제도를 시작합니다!

(홋카이도 둔전병은
후에 7사단으로.)

6개 진대를
6개 사단으로 개편!

히로시마
5사단

센다이
2사단

오사카
4사단

나고야
3사단

도쿄
1사단

구마모토
6사단

1개 사단에는 보병연대 4개
(보병연대 정원 2800명).

기병대대 1개.

탄약대대 1개,
치중병(보급)대대 1개.

포병대대 2개
(야포중대 4개,
산포중대 2개).

공병대대 1개.

위생대, 야전병원 등.

이 총원 1만 8500명으로
단독 전역을 치를 수 있는 것이 사단.

1880년대 후반, 그 병력을 채우는
20대 성인 남성의 징병률은
5%대에 머물고 있었다.

20명 중 1명만
현역 입대하는 거죠.

빈농층에게는 군생활이
급료와 의식주 면에서 고향인
농촌보다 괜찮았다지요.

현역병은 2년 병역 후, 예비역 5년 4개월.

1보충병역은 현역병 부족 시에만 현역으로 소집.

2보충병역은 예비역으로만 편성.

그 밖에 고학력자용 단기 병역도 있었고… 평균 이상의 재산, 학력이 있으면 군대 갈 걱정이 크지 않았죠.

안경잽이면 거의 100% 면제고.

아, 물론 육군만 신경 쓰는 건 아니고! 일본은 섬나라!! 해군이 중요하지요! 나님은 육군이지만 해군 예산도 팍팍 밀어줍니다!

(우리 형 죽인 인간이 뭐래…)

우린~ 군부잖아~! 군부끼리는 니 예산 내 예산 없는 거야~

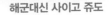

해군대신 사이고 쥬도

1880년대 일본 해군은 육군보다 좀 더 절박한 열세감을 안고 전력 증강에 매달려야 했으니—

러시아는 고사하고, 중국 말입니다. 중국!

크앗! 청불전쟁 때
북양수사 보존하길
잘했지!!!

청불전쟁 후 청조는
총리해군사무아문(해군성)을 창설,
북양수사에 일단 올인한다.

國산 함정은
당분간 보류하고
영국과 독일제 군함 구입에
집중했죠.

중국 시장이 이리
달달하다니까요!

연간 은 400만 냥을
예산으로 배정!

북양수사의 주력함 25척의 함장들과
함대 참모진의 70% 이상이
서구 유학생 출신이었고,

아이~
아이 써~!

영국 고문 장교들을 대거 초빙했는지라
함대 작전회의는 항상 영어로 진행되었다고.

우롱차가 쓰긴 좀
쓰네요.

그런 노력 끝에 1880년대 중후반
북양수사의 함대 총톤수는 4만 톤에 달해
일본 해군 전체를 능가하기에 이른다.

이제 누가
아시아 No.1이지?

그리 비약적으로 성장시킨
해군력을 바탕으로

1886년,
거문도 위기 국면을 맞아―

러시아놈들이 영일만과
제주도를 집적거린다니,
우리 함대로 조선 남해 쪽
한 바퀴 돌며 무력시위 좀
해주고 오시오!

1886년 7월, 북양수사 제독 정여창이
함정 6척을 이끌고 남해로 발진.

고문 장교 부사령관
윌리엄 M. 랭

하; 아직 병사들
숙련도 미개한데;;

남해와 동해 바다 패트롤에 나선 청 함대는
8월, 수리와 보급을 위해 나가사키行.

위해위

거문도
나가사키

나가사키에 입항한
청 주력함 '정원'과 '진원'의
위용에 숲 일본이 경악.

으어;
중국놈들이 언제
저런 거함 거포를;;

7400톤급 2척에
305mm포 4문이라니;
실로 서구 열강 주력함급;;;

후훗,
일본놈들이
좀 쫄았는갑네~

나가사키에
왔으면
나카스를~

문제는
청 수병들이
관광을 위해
나가사키 시내로
들어오면서-

나카스는
후쿠오카다….

유곽에서 시비가 붙은
청 수병들이 난동.

사건은 크게 확대되어
1886년 8월 15일,
청 수병 수백 명이
칼과 몽둥이를 들고
나가사키 경찰서를 습격하자
일본 경찰들과
나가사키 시민들도
칼을 들고 맞대응.

일본 조야의 여론은 혐중과
해군 군비 확충으로 충만.

나가사키의 치욕을
잊지 말자!

청 거함에 쫄지 않을
해군 건설!!

○○, 지극히 타당한 의견들이오.
군함 더 사 오고 해군 공창 확충!

근데, 일본 주머니 사정으로
저런 거함은 좀 무리니까,
작고 빠른 함선들 중심으로
속사포와 어뢰로 무장하는 게
합리적이지 않나 싶네요.

사세보 군항 건설을 위해
와 있던 프랑스 기술 고문단의
에밀 베르틴이 방향성 제시.

에밀 베르틴

오오, 이것이
청년학파~?

그리 해군을 확충해 지켜야 할
방위선은 우리 앞바다를 넘어
황해와 남중국해까지
이르러야 할 것이니!

야마가타 독트린!

1888년, 야마가타의
정부 의견서 제출.

일본의 국토를 지키는
국경선은 주권선.

하지만 그 너머, 국가의 사활적 이익이
걸린 이익선이라는 개념도
국가 안보의 핵심으로 삼아야 한다!

이 제국주의 난세에,
과연 국경 안에서
안주하는 것만으로
안심할 수 있을까?!

흐음?

바로 옆,
조선에서 불이 나면 그 불길은
반드시 열도로 튀게 될 것이다!

으악!

아니, 언제나 그
반대였던 거 같은데…

So, 조선은 일본의
이익선 안에 포함되는
안보 이익 관철 지대여야 한다!

이번 거문도 위기에서 보여지듯,
쇠락한 청조의 영향 아래 있는 조선은
언제든 러시아와 영국의 게임판이 될 수 있다.

이 거문도 위기 국면에서 일본이
힘이 없어 아무런 영향력도 행사하지
못한 것은 실로 수치스러운 일!

이제 나님이 총리가 되었으니
역대 최대 군사 예산으로
위대한 황군 건설의
초석을 닦겠습니다!

1889년 12월,
야마가타 내각 출범.

제 8 장

경제를 살려야

帝國議會

1890년, 일본제국
의회 1기 시작!

6월에 먼저 귀족원 구성.

귀족원

공후백자남 귀족 105명.

각 현당 1명씩 선출된
고액 납세자 의원 45명.

천황이 임명하는
각계 유공자
칙찬의원 60명.

시부사와 에이이치 등의
경제계 인사들 포함.

그리고 1890년 7월 1일,
일본 최초의 총선거를 통한
중의원 구성!

중의원

야호

전국 각지 선거구에서
300명의 대의사(국회의원)를
국민의 표로 뽑는다!

-라곤 하지만 4천만 국민 중 유권자는
연 15엔 이상 납세자 45만 명 뿐.

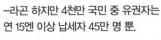

납세의 의무에
투표의 권리가
따라오는 것!

15엔이면 당시
막노동자 반년치
벌이인데….

물론 세금 불성실 신고·납부로
유권자에서 빠진 사람들도 많았을 것.

투표하면 뭐
떡이라도 나오냐.

이 유권자 숫자 45만-
인구의 1.1%는 동시기 유럽의
유권자 숫자에 비하면
매우 낮은 수치인 것.

유권자 숫자	일본 45만	영국 800만	프랑스 1000만	독일 1200만

전체 인구	4000만	3500만	3900만	4900만

이 시기 유럽에서는
남성 노동자들에게
투표권을 거진 다
부여했거든요.

물론 러시아처럼
의회 자체가
없는 나라도 있고.

유럽에서도
여성 선거권은
아직 없는 세상이죠.

어차피 그냥 전반적으로
미개한 세상이었다는 것.

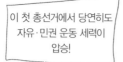
이 첫 총선거에서 당연히도
자유·민권 운동 세력이
압승!

입헌개진당도
꽤 선전!

나카에 초민

이타가키
다이스케

오쿠마
시게노부

입헌자유당

범자유당계 3정당은 총선 직후
입헌자유당으로 대통합.

무소속 등
기타
50석

입헌자유당
130석

대성회
79석
(범친정부
세력)

입헌개진당
41석

그리하여 1890년 11월 25일,
1기 제국의회 소집!

帝國議會

이제 좀 뭔가
서양 삘 난다.

근데 홋카이도, 오키나와
유권자 숫자 0명 실화냐….

이 1기 의회에서는 정부 제출 법안 4건,
중의원 제출 법안 2건 통과.

처음이라 아직 익숙치
않으니 조금씩 합시다.

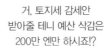

거, 토지세 감세안 받아줄 테니 예산 삭감은 200만 엔만 하시죠!?

아니, 의회가 깎은 예산안을 놓고 정부가 네고를 한다고?!

○○, 헌법에 따르면 의회는 예산안에 '협찬'할 뿐, '승인'하지 않음.

와, 그럴 거면 총선 왜 함? 걍 의회 해산하고 다 집에 가불랑게요.

걍 다 집어치워! 의회가 장식이냐?!

어휴, 원;; 어렵게 시작된 헌정과 의회인데 조금씩 캄다운해서 실마리를 풀어갑시다~

1기 의회 파행의 위기 속에서 귀족원 의장 이토는 중의원과 정부 양측을 오가며 타협에 진력.

거창하게 시작한 의회를 이렇게 날려 먹으면 세계적인 비웃음거리가 될 거임;; 정부도 조금은 양보해야….

하; 저 정부 발목만 잡는 정치꾼놈들을….

하, 더럽지만 양보한다.

결국 651만 엔 삭감으로 타협, 토지세 감면은 귀족원에서 부결.

예산안 심의와 삭감을
정부와 네고해야 하는 의회가
무슨 의회여?! 첫 단추부터 이리
잘못 끼웠으니 앞날이 훤하다~

이에 나카에 초민
의원 사직.

(천황의 의회에서 항의성 사직은
인정되지 않았기에 알코올중독을
사직 사유로 써내야 했다.)

토지세 감면도 부결되었으니
저리 절감된 651만 엔은 그대로
해군이 군함 쇼핑에 갖다
쓸 수 있겠구나~!

질러라!!

워, 워, 이 돈은 국방보다는
경제 개발 예산으로
써야지요~

엥?!

대장성

조선 시장을 놓고
청·일 상인들이 벌인
옥양목 전쟁!

영국제 옥양목을 떼다가 조선 시장에
파는 중개 무역이 당시 조선에서
가장 노른자 사업이었지요.

원래 청 상인들이 꽉 잡고 있던 옥양목 시장에
개항 이후 일본 상인들이 도전장을 던졌고.

뭐, 어차피 둘 다
영국제 옥양목이니
차이는 없겠지만.

1870년대 후반에서
1880년대를 지나며
청·일 상인들의 옥양목 전쟁이
치열하게 전개되었는데-

1880년대 초반 청 상인들의
옥양목 점유율 70~80%.

일본 상인들이
점유율 20% 정도까지
따라잡았다!

하지만 1888년,
청 상인들의 점유율
98%!

결국 옥양목 전쟁은
청 상인들의 완승으로 마무리.

크;; 어째서;;

여기서
큰 역할을 한 것이
감국대신 원세개.

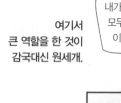

내가 서울에 와 있는 건
모두 우리 중국인들의
이익을 위해서지요!

원세개,
열일한다!

통관 혜택
최대로!!

크앗; 정경유착
치트키를 썼구나!

1880년대 초반, 조선
수입 시장 점유율이
일본 90%대,
청 10% 미만이었지만

이렇게 조선에서 청 상인들의
이익을 위해 노력한 결과,
조선에서의 수입 시장
점유율도 대폭 신장!

1890년에는 일본 65%,
청 35%가 되었고!

(청일전쟁 직전인 1893년에는
일본 50%, 청 49%까지 도달.)

옥양목 전쟁 승리 덕분에
비단장수 왕서방으로 대표되는
직물 판매망이 조선 곳곳으로 퍼져나가며
다른 제품에서도
점유율을 높여나가고 있죠.

으음;; 조선 시장을
청에 완전히 뺏길
위기에 직면해 뭔가 대책을….

**일본의 대처는
수출 품목 다변화!
일본제 상품 비중 확대!**

1880년대 초반까지는
서양 상품 중계 무역
비중이 90%에 달할
정도였지만−

1880년대 중반부터는 일본제 제품 비중을
50% 이상으로 늘려나가기 시작!
Made in Japan 함 츄라이 츄라이!

특히 조선 사람들이 램프를
조명으로 사용하기 시작하면서
일본산 석유 수출이 쏠쏠했지요.
이 시기, 조선 시장을 독점.

엥? 일본산
석유요??

○○, 19세기 말에는 일본도
산유국이었던 것.

아키타 야바세 유전

막부 말기부터 탐사와
개발이 시작된 아키타의
야바세 유전에서 이 시기
기름을 본격적으로 뽑아내며
내수와 수출로 재미를 보고 있죠.

일본산 제품으로 국내 시장에서 수입 대체, 그리고 만만한 시장으로의 수출은 막 싹트기 시작한 일본 산업혁명의 중요한 우화 단계라 하겠습니다.

1880년대,
세계 시장에서 일본의 위치는
1차 산품 수출, 2차 산품 수입이라는
전형적인 1차 산품 생산국.

서양에서 기계, 공업 제품들을 수입하고

견사, 광물 등의 1차 산품을 서양으로 수출한다.

그러다 보니 개항 이후 1884년까지 계속 무역수지 적자였고….

1884년부터 1888년까지의 견직물 호황 덕분에 간신히 무역수지 흑자 전환;;

1889년 현재에도 일본 전체 수출액의 절반 가까이를 생사가 차지하고 있었으니—

누에고치에서 비단실 뽑는 거예요.

일본제국의 초기 기반은 문자 그대로 생사 공장의 여공들이 만든 것이다.

번데기 존맛!

그런 1차 산품 생산국가에서 탈피하고
2차 산업혁명에 탑승해
근대 공업국가가 되고픈 소망 가득.

그래서 일단 면직 산업에
크게 투자, 일본산 면직물
생산 확대와 품질 개량을
국가적으로 푸시 中이죠.

그렇게 일본산 면직물도
슬슬 조선 시장에 들어왔는데
옥양목을 대체하기에는 아직
어림없는 수준이었지요.

이처럼, 조선에서의 경제전쟁은
일본 산업혁명 달성 여부의
바로미터라 할 수 있는 겟!!

산업입국

세계 경제 분업 구조에서 우리도
아래 단계 나라를 거느려보자!!

어, 음… 이러면 우리가
무역적자, 금은 유출로 그냥 계속
피 빨리는 거 같은데요;;;

에헤이~ 일본도 조선 물건
많이 사 가잖아요~ㅎ

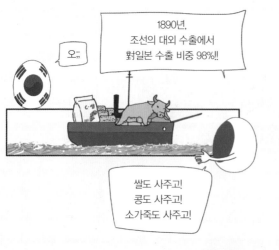

오;;

1890년,
조선의 대외 수출에서
對일본 수출 비중 98%!!

쌀도 사주고!
콩도 사주고!
소가죽도 사주고!

對청 수출 비중은 2%.

어; 음;
쌀도, 콩도, 소가죽도,
중국에 더 많다해;;

홍삼이나 좀
사 가는 정도.

對청 수출
2%

조선의 대외 수출

對일 수출 98%

조선산 쌀과 콩은 일본산에 비해 최대 3배까지
싼 가격 덕분에 일본 상인들에게
막대한 이익을 안겨주는 상품이었고.

이것이 바로
곡식 한류!

이 쌀과 콩의 일본 수출량은
조선 현지 가격과 일본 시장 가격
변화에 따라 그 비중이 들쭉날쭉.

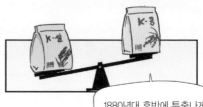

1880년대 후반에 특출나게
콩 수출량이 쌀 수출량을
압도하던 시기도 있고.

이러한 곡식 수출은 전술했던 바와 같이
조선의 물가를 폭등시키는 부작용을 낳았고.

조선 농촌의 작물 생태계를
쌀·콩 플랜테이션으로 단순화하는
부작용을 낳기도.

다 갈아엎고
쌀과 콩만 심으면 언젠가
위험해질 수도 있지 않나;;

그리고 지역별로 국지적 흉작이 잦았던
조선에서 한 지역의 흉작은 다른 지역에서의
곡물 구입으로 극복하는 것이었는데ー

○○, 양심적 가격으로
배송해드림~

이제 흉작 지역에서 다른 지역
곡물을 구입하려 해도, 재고가 없네?

어; 음… 저쪽에서 가격을
좀 세게 부르더라고요….

1889년 5월, 황해도 해주.

뭐, 자본주의라는 게 다 그런 거지요.

여기서도 일본 상인들이 쓸어 담은 곡식을 배에 싣고 인천으로 가려는데–

잠깐!! 선적 중지!!! 출항 금지!!!

읭?

관찰사 행정 명령에 따라 **방곡령** 발령이요!!!

방콕령?!!? 코로나 때문에?!!

140

제 9 장

방곡령 시비

어느 지역에서 흉년으로
곡물가 폭등 양상이 나타날 경우-

꼭 흉년이 아니더라도
물류 문제라든가
매점이라든가 기타 등등의 이유로
곡물가 상승이 올 수 있죠.

수령은 지역에
방곡령을 발동해
지역 내 곡물의
관외 반출을
금할 수 있다.

방곡령 발령中

그리하면 곡물을 지역 내에서만
팔 수 있으니 수요 강제 절감으로
자연스럽게 곡물 가격을
하락시킬 수 있죠.

1889년 5월, 황해도에서 이 방곡령이 발동된 것.

황해도 관찰사 조병철

어; 이미 구입한
물건들도 밖으로
못 가져가나요?

ㅇㅇ, 못 가져 나감.
황해도 안에서 다
팔아 치우고 가시오.

끄아악;

배에 실린 곡물 다
내려라~

142

올해 이 밭에서 나는 거 미리 몽땅 다 사드림.

일본 상인들의 조선 곡물 구입은 대개 수확 전에 밭떼기로 입도선매하는 방식이었던지라—

콜 옵션 ㄱㄱ!!

입도선매한 곡물을 방곡령 때문에 반출하지 못할 경우 엄청난 손해를 입게 되겠군요?

꼬아아아악;;

그 물건들 관내에서 다 털고 가시죠. 가격 잘 쳐드림〜ㅎㅎ

아이고 일본 곡물상들 다 죽는다!!

정부는 뭐 하고 있냐! (사람 성이 어떻게 콘도;;)

이게 뭔 짓거리입니까?! 당장 방곡령 풀라고 하세요!

외아문 독판 조병직

일본 공사 콘도 마스키

아니, 1883년의 조일통상장정에는 조선의 방곡령 권한이 명시되어 있습니다만?

거, 자세히 보십쇼!
방곡령 실시 1개월 전에
일본 측에 통보하기로
되어 있잖습니까?!

흠;;

이번에 통보가 없었으니
이 방곡령은 조약 위반!

–라고 하니
방곡령
풀도록 하쇼.

쳇;

으어; 죽다
살았다;;

5월의 황해도 방곡령은 그리 바로 해제.

그리고 4개월 후인
1889년 9월, 함경도 원산.

원산

인천

부산

동해, 서해, 남해에
각각 하나씩 있는 개항장.

그중 원산은 함경도를
대표하는 동해 개항장인데–

척박한 함경도에서
딱히 수출할 게 있나?
아직 광업 개발도 안 되었고;;

아아, 여기서 쓸어갈
핫템이 좀 있죠.

일본에서도 두부, 된장 먹느라고 콩이 그리 중한감?

콩은 국민적 단백질 공급원! 낫토를 김치에 싸서 드셔보세요!!

원산에서 일본 상인들이 대규모로 콩을 입도선매해 쓸어가곤 했는데—

1889년 9월, 함경도에 방곡령 발령!!

에그머니나!

함경도 관찰사 조병식

방곡령

콩 실은 거 다 내려라!

아니; 갑자기 왜 콩을 가지고 시비죠;

올해 함경도 지역 흉년 때문에 곡물 가격이 날뛰는지라 불가피한 조치임.

아니, 아니, 콩 농사 흉작 아니었다던데요?

거, 외국인들이 뭘 알겠소?! 함경도는 가난한 땅이여!

아니; 아니;;

이 방곡령이라는 게 단순히
흉작, 곡물 가격 안정의 이유로만
발령되는 게 아니라는 건
이미 세상이 다 아는 사실!!

뭔가 구린 꿍꿍이가
있는 거 아뇨?!

수요가 늘어 곡물 가격이
상승세인 시장에서–

흐음~

판매가

구매가

관외에 비싸게 팔아
이득을 봅시다~!

갑자기 방곡령 발령.

관외에 팔 수 없다!
관내에 다 풀도록!

판매가

헉;;

구매가

방곡령

그리 되면 갑자기 수요를 잃은
관내 곡물 가격은 폭락.

그리 폭락한 관내 곡물을
관과 결탁한 어용 상인들이 매집.

그렇게 관내 곡물을 싼 가격에 매점한 후-

그렇게 방곡령은 지역 관아의 빈 관고를 채우기 위한 (수령들의 뒷주머니도 채우고) 꼼수로 활용되기도 했다는 것.

―이라는 내용으로 10년 후 《협성회회보》가 방곡령을 까는 기사 게재.

특히, 저 함경도 관찰사 조병식은 학정과 수탈로 이름 높은 탐관오리라던데! 어찌 의심을 두지 않을 수 있겠습니까?!

아니, 탐관오리는 백성의 생활 안정에 힘쓰면 안 되나요?!

근간 방곡령은 일본 상인들이 곡식을 쓸어가는 통에 곡물 가격과 전반적인 물가가 날뛰는지라 나오는 조치니 음모론적 비방은 삼가시길.

외아문 독판 민종묵

아니 어차피 입도선매로 가져가는 만큼 시장에는 가격이 선반영되어 있을 터!

뭣보다 함경도 방곡령은 발령 1개월 전 통보 조항을 어겼소이다! 2주 전에야 통보받았다고요!

하; 그건 너네 맘대로 찍은 접수 날짜일 뿐이잖소;;

방곡령 해제를 거부하던
조병식이 1890년 1월,
강원도로 전출되며 비로소
함경도의 방곡령 해제.

그리고 이게 끝이 아니라—
1890년에 황해도와 함경도에서
다시 방곡령 발령!

크아아아앗!!!
장난하시므니까?!

방곡령

이건 진짜 노리고
던진 방곡령이지!!!!

1889년 가을,
일본의 작황은 흉작!

쌀 한 톨
못 만들어내는
헌법, 의회 다 무슨
소용일까나;;

전국 각지의 폭동 릴레이 와중,
사도 아이카와에서는
광부 2천여 명이 봉기!

군대 동원
무력 진압!

이에 따른
미곡가 폭등으로
1890년 한 해,
유신 이후 최대 쌀소동!

일본의 이런 쌀소동 와중에
조선에서 방곡령 때린 건
솔직히 노린 거 아니오?!

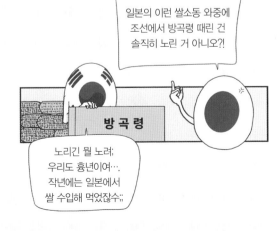

방곡령

노리긴 뭘 노려;
우리도 흉년이여…
작년에는 일본에서
쌀 수입해 먹었잖수;;

진짜 좋은 말로 할 때 해제하쇼…. 사람이 밥 제대로 못 먹으면 탄수화물 부족으로 신경 날카로워진다고….

ㅇㅋ, ㅇㅋ, 해제함;;

이제 문제없죠?

1890년의 방곡령은 바로 해제되긴 하는데~

문제없긴 개뿔!!! 연이은 방곡령으로 개털린 일본 상인들 피해는 어쩔겨?!

창고에 묶인 곡물 눈물의 떨이 처분이라든가,

방곡령 기간 버티려다 보니 눈덩이처럼 불어나는 비용들— 보관비, 용선비, 대출 이자 등등은?

So, 일본 상인들 피해 보상하쇼!!

엥? 왜요?

왜요는 일본 담요가 왜요고…. 정녕 인천에 함대를 들이박아야 보상할 기분이 들겠소?!

그렇게 향후 몇 년간
방곡령 피해 보상 문제가 조·일 간
외교 분쟁 메인 이슈가 된다.

거, 당장 먹고 죽을 돈도 없고만.
인천 앞바다에 함대를 보내서
함포외교 흉내를 내보든가 말든가….

아니, 조선 주제에
뭐 믿고 저리 빼팅기누?!

당시 인천은 청 북양 함대의
정기 기항지로 지정되어
청 함선들이 수시로 들락거렸고—

뭐 믿긴,
인천의 청나라 함대 믿고
저러는 게지.

청나라 수병들, 상인들, 일꾼들이
인천으로 바글바글 몰려들어
조선 최초의 차이나타운이
형성되고 있었지요.

지역 부동산
호재인가요?

호빵입니다.

이런 인천에 일본 함대를
들이박았다가는–

인천이 아닌 문제의 원산에
일본 함대를 들이박는 경우–

화약고에 걸터앉아
배 째라 배짱 부리기
아주 즐거우시겠어~

아니,
그리 꼬인 심사로 보지 마시고,
정말로 이쪽 사정이 여의치
않다는 부분을 좀 고려해주시죠;;

개뿔ㅡ

우리도 흉년으로, 물가 폭등으로 죽겠어요;;
1886년, 1889년에는 일본에서 쌀을 수입해
먹어야 할 정도였다고요;;

더구나 개항 이래 무역이란 것이
지속적인 무역적자로
금은은 계속 유출되고만 있고.

조선 측 이익을 강변했던
해관 총세무사 메릴은
원세개의 압력으로
1889년 조선을 떠나게 되고.

@%$#

해 관

**무역 점유율을 높여가는 청나라와의 무역에서
관세 수익을 기대했지만ㅡ**

조선 해관은
청 해관의
하부 조직이야!

원세개의 꼭두각시인 쇠니케가
조선 해관 총세무사로 부임.

이러니 어떻게든 돈을 마련할 방도를 찾아야 하지 않겠남….

우의정 조병세

백성 쥐어짤 생각은 마시고요. 백성은 가난한 이 나라보다 더 가난하답니다.

돈도 만들어야 하고, 흉년과 물가 폭등으로 죽어나가는 백성을 어떻게든 달래야 하고;;

방곡령이든 뭐든 쓸 수 있는 수는 다 써봐야….

달랠 수 없다면 찍어 누를 무력이라도 있어야 하니.

그간 잠잠하다 싶던 민란들이 다시 터져 나오기 시작한 것!!

1880년대 말부터 1890년대 초까지 전국 각지에서 민란 웨이브 재점화!

이게 나라냐!!!

굽씨의 오만잡상

19세기에 동양 콩— 대두는 조선과 북중국, 일본에서 주로 생산되는 작물이었고, 서양에서는 18세기에 소개된 이래, 19세기 중반에 이르러 대충 대두의 상업적 재배가 시도되려던 참이었습니다. 19세기 중반 이후 중국과 일본이 여러 엑스포에 출품한 대두 품종과 제품이 서양에서의 대두 재배 확산을 촉진했다고도 합니다. '밭의 고기'라는 대두의 별명도 이 시기 엑스포를 통해 처음 등장했다지요.

원래 일본에서 대두는 된장, 간장, 두부를 만들어 먹는 용도였지, 콩기름 만드는 데 쓰이는 양은 그리 많지 않았습니다. 일본 튀김 요리계는 유채기름이 꽉 잡고 있었지요. 그렇게 유채기름이 지배하던 일본에서 콩기름이 본격적으로 대량 생산되기 시작한 건 청일전쟁 이후로, 콩기름 생산량이 유채기름 생산량을 따라잡는 건 20세기의 다이쇼 중기가 되어서라지요. 그 때문에 19세기 말 일본이 조선에서 수입하던 콩의 용처는 콩기름 제조용보다는 일반적인 식용 목적이었으리라 여겨집니다. 간장, 된장, 두부는 일본 식탁에서도 중대 문제이니 말입니다.

사실 콩기름은 당시 기름 요리의 제국 중국에서 이미 어머어마하게 대량 생산되고 있었지요. 그 콩기름 제조 과정에서 나오는 부산물인 콩깻묵을 일본에서 비료와 사료 용도로 대량 수입했습니다. 일제강점기에는 징용공들에게 이 콩깻묵을 배급했다고 하고, 고난의 행군 당시 북한 사람들도 콩깻묵으로 주린 배를 채웠다고 합니다. 그런데 콩에서 기름기를 쫙 짜내고 남은 단백질 덩어리인 콩깻묵이 오늘날 콩고기와 각종 고단백 다이어트 및 헬스 보충제의 재료로 쓰인다니, 굶주림의 역사 앞에서 이 웰빙의 시대가 약간 겸연쩍군요.

제10장

근대화 Loan

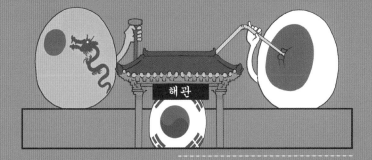

백성은 세 부담에 허리가 부러지고,
나라는 재정 악화에 휘청거리는
이 현상에 대해서는 보통ㅡ

탐관오리들의 슈킹이
원인이라 여겨지곤 하는데,

그 정확한 규모와
양상은 알 수 없고….

문벌 양반 대지주들의
대토지에서 제대로 세금을
걷지 못했다고도 하고.

에이, 이런 사소한
인적 요인보다 더욱
근본적인 부분을 짚어야죠~

조선의 조세 시스템은 이미
톱니바퀴들이 망가지고
그 톱니바퀴 무게조차 감당할
힘도 없는 상태 아니었는지ㅡ

세를 거두는 주머니들의 중구난방 난립.

호조 선혜청 병조 감영 수군 왕실

백성 부담은 과중,
재정 관리 효율은
0에 수렴.

아니 뭐, 저런 요인들이야 이미
19세기 내내 얘기되던 것이니
새삼스러울 것도 없고….

1890년대 초의 민란 웨이브에
대한 지엽적 요인을 따로 들자면ㅡ

각종 잡다한 조세와 역을
퉁쳐서 경지에 매기는 도결, 즉
현금세가 당시의 주된
세금이 되어놨는데.

그리 현금 받아
쌀 사서
서울로 보냄.

세금으로 쌀 한 되
어치 내려면 대충
8전 정도인가.

162

그렇게 조세 난맥으로
민란이 터져 나오고 재정은 곤궁한 상황.

1885년부터 1894년까지의
관세 수입이 343만 은원으로
같은 기간 조선 전체 세수의
대략 1/4에서 1/3 정도에
달하는 막대한 것.

1884년, 제일은행에서 2만 4천 은원(약 10만 냥)을 대출할 때 그 조건으로 개실한 계좌시요.

그뿐 아니라 조선 해관의 관세 수납 업무도 저희 지점들이 대행해드립니다!

(껀당 5%의 수수료로.)

그렇게 제일은행은 조선 해관의 막대한 관세 자금을 예치하고, 조선 지점에서 관세 수납 대행으로 수수료도 챙기고.

조선 관세 수납

현지 일본인 사업자 대출

그리고 그리 예치한 자금을 조선 현지의 일본 상인들에게 대출해주고 있지요.

그렇게 조선 해관은 청의 컨트롤을 받으며 일본의 빨대까지 꽂혀 있는 그림.

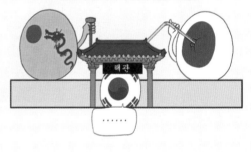

......

저런 꼬라지를 계속 보고 사시렵니까?! 기분 더럽지 않으세요?!

하;; 그러게;;

통리군국사무아문 협판 오언 N. 데니

해관 독립을 통한
경제적 독립이야말로
조선 근대화의 첫 단추!!

절대 탈청해!!!

오. 묄렌도르프도
그리 말하던데.

저 중국 애송이놈의
오만방자를 다들
어디까지 견뎌낼 참인지!

데니의
탈청 주장에는
원세개에 대한
혐오도 한몫.

오~ Mr. 데니~!
웬일로 왔데니~

데니뿐 아니라 서울의 서양인들은 거진
다 원세개의 오만방자를 혐오했지요.

하, 서울의 서양인들?!
다 3류 인재들 아닌감?
2류면 도쿄,
1류면 상하이로 갔겠지.

이는 외교적 문제로도
불거졌으니

미국의 지속적인
駐미 조선 공사관 개설 권고에—

엄;;

워싱턴에 코레아
공사관 개설하세요~
집세 싸게 해드릴게~

이에 청 측은
영약3단이라는
조건을 건다.

1. 조선 공사가 미국에 도착하면 먼저
청 공사관에 들러, 청 공사의 소개로
미 국무부를 방문할 것.

2. 조선 공사는
청 공사의 뒤에 설 것.

3. 중요한 일은 다
청 공사와 상의할 것.

뭐, 대충 중국놈들
비위 맞춰주는
시늉해주자고.

그리하여 1888년 1월,
박정양이 駐미 전권공사로
미국에 도착.

호러스 알렌

흠흠~ 조선 공사가 청 공사관에 인사 온다는군요~ㅎ

옛 사신들처럼 필담 나누며 형님 아우 할 수도 있고~ 워싱턴에서 삼국지 얘기를 할 수도 있고~

駐미 청 공사 정음환

헉;

하지만 박정양은 알렌의 충고에 따라 청 공사관을 쌩까고 바로 미 국무부 방문.

자주독립국 행세하려면 영약3단은 철저히 무시하도록 하세요.

크악! 영약3단 약속해놓고 이리 무시해버리다니!! 지난 200년간 조선이 대국에 이리 무례했던 적이 있었소이까?!

아니, 뭐, 그;; 로마에 가면 로마 법을 따르라고;;

원세개의 발광으로 결국
1888년 11월,
박정양 귀국 조치.

대리공사는 일단
서기관 이하영에게
잠깐 맡기고….

이후 곧바로 참찬관 이완용이 대리공사를
맡아 워싱턴 피셔하우스의
조선 공사관에 착임한다.

이후로도 영약3단을
무시해 청 공사관과의
기싸움이 계속되었죠.

유럽 5개국 공사 조신희는 원세개의
해꼬지를 염려, 유럽 가던 도중
홍콩에 머물다가 그냥 귀국함.

PCR 음성 확인서
없어서 못 간다고요;

결국 1888년, 데니는 원세개의
중국 소환을 주장하며 폭발.

원세개가 서울에서
뭔 개짓거리하고 다니는지
내 다 까발리갔어!!
여기저기서 얼마나
받아 처먹는지!!

상하이에 저격 팜플릿
〈China & Corea〉 배포.

조선은 만국에 평등하게
개방된 유구한 독립국인데!
근 몇 년 청이 은근슬쩍 자기네한테만 특수한
권리가 있다는 듯 공정을 벌이고 있다!
서양 각국은 이를 좌시하지 마시길!

(저 인간 짤라요!!)

(아니, 왜, 맞말뿐이고먼.)

결국 청 측의 압박으로 1889년, 데니는 재계약 취소로 강판당한다.

하. 부디 옥체 강건하시옵소서.

· · · · · ·

과인과 이 나라를 위한 Mr. 데니의 곧은 마음이 어찌 쉽게 잊히리오. 부디 과인의 뜻이 이 국기에 함께함을 알아주시오.

쿳; 성은이 망극하옵니다~

출국하는 데니에게 고종이 하사한 태극기가 현존 가장 오래된 태극기인 데니 태극기.

데니 대감 후임으로 외교 고문을 누굴 뽑을까나~

중국놈들 입김에서 벗어난 인사로….

그것은 바로 나님 르장드르입니다!!

1890년, 르장드르와 그레이트하우스 입국.

클라렌스 R. 그레이트하우스

찰스 르장드르

외교 고문
통리군국사무아문 협판

법률 고문 내무 협판

(영사직 무단 탈주로
미국 관헌들에게
체포당하기도 했고.)

원래 샤먼의 미국 영사였던 르장드르는
일본에 외교 고문으로 초빙되어
대만·류큐 문제 등을 자문.

묄렌도르프도, 데니도 모두 탈청을
부르짖다가 중국놈들 압박으로
쫓겨났는데, 경에게는 어떤
비책이 있겠소이까?

일단 대청 차관 50만 냥을
바로 상환해서 청과의 경제적
갑을 관계를 끊어버려야죠!

돈 50만 냥이
어딨는데?

그야 다른 데서 빌리면 되죠!

대출심사

조선 조정이 쓸 생활 자금 대출 좀 알아보러 왔는데요~

르장드르는 수차례에 걸쳐 서양과 일본 쪽에 차관 도입을 타진.

하지만 모두 실패.

방곡령 배상금이나 내놓으쇼.

신용점수 100점 이하는 말 걸 수 없는 상대입니다.

핫하하~ 돈 필요하신 거였으면 말씀을 하시지이~~!~!

이 몸이 대출 주선해드리리다~!

오히려 1892년, 청 측에서 20만 냥의 추가 차관을 안긴다.

담보는 해관 관세고, 관세 선취권도 내놓으시고.

조선에 빌려준 돈 떼이진 않겠지? ;;

으음;; 대출 상환도 어려운 판에 이렇게까지 계속 돈 빌리며 진행해야 할 근대화 과제란….

대출에 동원된
청 상인들
(많이 떼인다.)

근대화 최우선 과제란 당연히 군대 근대화죠!
軍!!

사람 성이 어떻게 다이;;

윌리엄 M. 다이
장군

1888년에 입국한 다이 장군은 조선군 사관 양성을 위해 설립된 '연무공원'의 수석 교관으로 취임, 임금의 군사 고문 역도 겸임.

본관은 게티즈버그 경험자야!

다이 다이
참 뜨실둥.

+ 미국인 교관 3명

스나이더 엔필드 소총
대량 도입.

크루프포와 개틀링건도
중국에서 도입.

중국제 크루프포??

1880년대 말과 1890년대 초의 조선군 근대화를 위한 무기 도입은 대충 중국의 유·무상 지원이 제일 컸다.

ㅇㅇ, 곧 볼보랑 벤츠도 다 Made in China가 될 거임.

1888년, 중앙군이 친군 3영 체제로 재편.

병력도 꽤 증강했죠.

전영과 좌영을 합쳐
장위영
약 2660명

우영과 후영, 해방영을 합쳐
통위영
약 2000~2500명

충어영과 기타 등등
별영
약 1450명

지방에도 근대식 친군 양성.

평안도에
친군 서영

강화도에
친군 심영

경상도에
친군 남영

장위영 사령관인
장위사에 민영익,

통위사에 한규설.

뭐, 역시 수도 중앙군은
정권 핵심 인사가
맡아야겠죠.

갑신정변 때 죽은
한규직의 동생

근데 영익이 형,
병조판서는
내가 먹을게~

······

병조판서
민영환

임오군란 때
맞아 죽은
민겸호의 아들.

임오군란과 갑신정변,
기타 테러 등으로 내 항렬의
가까운 민씨 인척들은
거진 다 전멸했고,

이제 다음 항렬─ 영자 돌림
아이들을 민씨의 외척
꿈나무로 키워나가야죠···.

민영익/ 민영환/ 민영휘
민영소/ 민영철 etc

원래 원탑이었던 영익이는
원세개한테 놀아난 문제
등으로 점수가 깎임.

이리 근대화된 군대를 키우고 증강하는 것은 나라의 근간인 국방의 문제일 뿐 아니라,

군란, 정변을 겪은 처지에서 서울에서 다시 또 뭔 사변이 날 경우 임금을 확실히 지킬 무력을 확보하는 문제!

뭣보다 엄마 남편이 서울에 건재하니 한시도 경계를 늦출 수 없다.

그리고 이제는 해군도 좀 갖고 싶다….

컥; 해군은 지름의 차원이 다른 물건인데요;;

거창한 대양 함대까지는 아니어도 저 불법 조업하는 왜놈 어선들 쫓아낼 정도의 함선은 있어야겠다!!

쪽바리놈들 우리 바다에서 꺼져라!!

1888년 조일통어장정으로 어업협정 맺었잖음? 조선 앞바다에서 일본 어민의 어업 허용하기로.

176

저 통어장정에서는 전라, 경상, 강원, 함경 4도 해역에서만 어업 허용이지! 제주도는 아니라고!!

아니, 제주도는 전라도 해역이지!!

특별자치도인데!

게다가 왜놈들이 불법 상륙하고 난동 부리고! 이건 사살해도 할 말 없지!!

오, 사살해보쇼. 어떻게 되나 보자.

제주도에서 어선들 물리시고, 통어장정도 좀 개정하고….

　‥‥

그리하여 1890년대 초, 조선과 일본은 방곡령 배상 문제와 어업 갈등으로 첨예하게 대립하고 있었으니.

외무대신 아오키 슈조

얘기가 잘 풀린다면, 평양 철도 사업을 일본 쪽이랑 하는 걸로 고려할 수 있음.

크앗!! 제주도를 확 철갑함으로 들이박아불라!!

조선놈들은 방곡령 배상금이나 내놓으쇼!!!

어이쿠; 이 양반 왜 이래;;

지금은 다른 일로 바빠서 조선 상대할 짬 없음;; ㅂㅂ~

1891년 6월,
아오키 슈조 외무대신 경질.

으의?

지금 조선 쪽의
소소한 문제를
신경 쓸 경황이 아니다….

방곡령 배상 ㅉ까!
일본 어선들 꺼져!!

?

지금 진짜
사달은─

메이지 정부,
사상 최악의
외교 참사 직면!!!

.....

제 11 장

철도 Loan

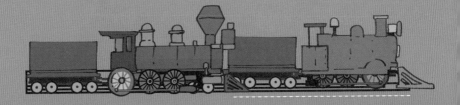

1887년 4월 21일,
알자스의 독불 국경 지역.

프랑스 경관 기욤 슈네블레가
독일 측과의 실무 협의를 위해
독일 구역으로 넘어가고 있었는데—

국경을 넘자마자
독일 방첩요원들에게 체포당한다.

이 슈네블레 사건을 두고 양국에서는
격렬한 반독, 반불 여론이 끓어오르고.

특히 프랑스의 전쟁성 장관 불랑제
장군은 초강경 대응을 주장.

동원령 발령!
대독 물자 수출 금지!

조르주 에르네스트 불랑제

헉; 전쟁 ㄱㄱ?

작년부터 도입 시작한
세계 최초의
무연화약 소총인 르벨 소총!

이 최첨단 무기를
우리만 갖고 있는
이 시점에서 전쟁을
벌여야 한다!!

점심은 베를린에서!!
저녁은 집에서!!

이에 양국 간 전쟁 위기가 고조되고.

데프콘 3!
휴가 장병 복귀!!

준전시
동원령 준비!

하지만 다행히도 독일이 한발 물러나
일주일 만인 4월 28일, 슈네블레 석방 및 송환.

위기가 지나가고
고블레 내각은
불랑제 장군을 경질.

그리 물러난 불랑제 장군은
왕당파와 보수 세력의 열렬한
지지를 얻으며 정권을 위협.

하지만 불랑제파-국가당은 1889년 총선에서
범공화피 연합에 참패하고 소멸.

나폴레옹 짝퉁
금지법이라도
만들어야 쓰겠네!!

불랑제는 벨기에로
망명 후 자살.

불랑제파의 발호는 당시 3공화국의
정정 혼란에 기인한 바가 컸으니-

하; 미친
딸 남편놈;;

1887년 5월, 그레비 대통령이
사위 비리로 사임했고,

1885년부터 1890년까지
내각이 7번 엎어지고
교체되는 혼란이 이어졌다.

의원내각제의
가장 큰 단점
이랄까나요.

내각제 대통령이 실제 권력을 크게 휘두르진 못해도 거시적 방향성과 외교에 큰 역할을 할 수 있지요.

그런 혼란 속에서 3공화국이 건재할 수 있었던 것은 국가의 무게중심을 묵직히 잡아준 카르노 대통령 덕이 크다.

열역학 2법칙의 물리학자 니콜라 사디 카르노의 조카.

La III République

Marie François Sadi Carnot

조·불 수교의 축하 선물로 고종에게 살라미나 화병도 보냄.

카르노 대통령은 대혁명 100주년 기념 파리 EXPO 1889를 성공적으로 개최했고.

에펠탑!

서브컬처계에서 중요시되는 EXPO다.

조선에서는 민영찬이 게스트로 참석.

(민영환 동생)

뭣보다 외교 분야에서 묵직한 방향성을 설정했으니.

슈네블레 사건으로 인한 1887년 위기를 면밀히 숙고해보자.

이 위기는 어떻게 전쟁으로 치닫지 않을 수 있었나?

(호전광 장군의 망상 거르고)
군사력에서 프랑스가 독일에
열세라는 건 분명한 팩트.

전쟁하면 곧바로
Again 1871이지.

그럼에도
독일이 강하게 나오지
못한 건─

러시아 쪽 통수가 근질근질해서였을 터.

어;; 러시아님,
중립 지킬 거죠?;;

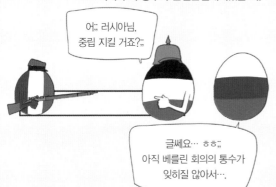

글쎄요… ㅎㅎ;;
아직 베를린 회의의 통수가
잊히질 않아서….

이처럼 독일 억제기는
분명히 러시아!!

그리고 독·러 관계는
그 어느 때보다
파탄을 향해 치닫고 있다!!

이것이 프랑스의
기회가 될 것!!

물론 비스마르크도 슈네블레 사건─
1887년 위기를 검토해보고 있었다.

프랑스 쩌리들이
기고만장하긴….

일설에는 슈네블레 사건 자체가
프랑스와 러시아의 움직임을 시험해보기
위해 비스마르크가 설계한 실험이었다고도.

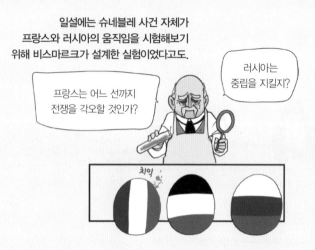

예상대로 러시아는 중립에 대해 확답하지 않았고,
독일의 통수는 안전하지 않음이 드러났다.

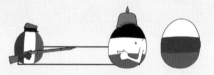

So, 외교 천재 비스마르크는 어떻게든
러시아를 어르고 달래서 1887년 6월,
독·러 간 재보장조약을 성사시킨다.

슈네블레 사건 같은 게 전쟁으로 치달을 경우 독·불 간 어느 쪽에 귀책사유가 있는지는…

하지만 여전히 독불전쟁 발발 시 그 귀책사유를 어떻게 판가름할지 명확하지 않다는 맹점이 있었다….

뭐, 그거야 내 맘대로 주관적으로 판단해야겠지요.

그러니 재보장조약만으로는 안심할 수 없다! 어떻게든 러시아를 다시 우방으로 만들어야 해!!

그것은 돈으로 가능!

1888년 현재, 러시아에 투자된 외국 자금 중 2/3가 독일 자금이니만큼, 독일이 계속 돈을 투입해서 러시아를 우방으로 묶어둬야 함!

그런데 1888년 3월, 빌헬름 1세 사망.

잉?

'잉?'은 무슨… 90세면 갈 때도 되었지…

제위를 계승한 아들 프리드리히 3세도 3개월 후 사망.

1888년 6월, 빌헬름 1세의 손자 빌헤름 2세가 독일 황제 등극!

젊은 황제!!! German 황제!

빌헬름 2세(29세)

하아;;; 뭐 이런 Germini가….

젊은 빌헬름 2세는 늙은 비스마르크를 싫어했기에 결국 1890년 3월, 비스마르크 실각.

어쩔라이히~

하; 제국의 앞날이 빌He럼이다….

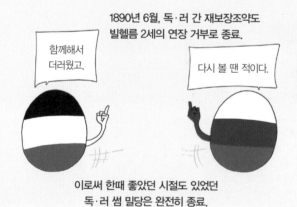

1890년 6월, 독·러 간 재보장조약도 빌헬름 2세의 연장 거부로 종료.

함께해서 더러웠고,

다시 볼 땐 적이다.

이로써 한때 좋았던 시절도 있었던 독·러 썸 밀당은 완전히 종료.

한편 프랑스에서는―

이 타이밍을 노려야 해!!

1888년, 프랑스 금융계의 대러 차관 제공 전격 공표!

오잉?!

1888년 9월, 프랑스는
5억 프랑의 차관을
러시아에 제공.

연리 2% 고정금리니까
부담 갖지 마시고~ㅎ

으잉! 땡큐!
스파씨바메르씨바!

이 대규모 차관을 통해 프랑스와 러시아는
프랑스대혁명 이후 100년의 적대와 서먹서먹한
관계를 청산하고 급속히 친밀도를 쌓아나가기 시작.

당시 환율로 금 5억 프랑은
대략 은 9500만 엔.

1888년의
일본 국가 예산이
8150만 엔이었는데;;;

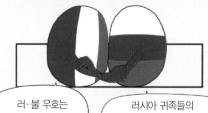

러·불 우호는
사실 근본 있는
커플링이죠~

러시아 귀족들의
유창한 불어 회화~ㅎ
프랑스의 러시아식
코스 요리~ㅎ

그리고 5억 프랑을 손에 쥔
러시아 공무원들은 흥분의 도가니行.

이걸로 일단
항만 인프라 현대화!

카지노
지읍시다!

코인으로 따갚되!

뻘짓거리들 할 생각 말고!! 제국의 숙원!!

시베리아 철도 건설 ㄱㄱ!!

Транссибирская магистраль

아, 맞다. 그게 있었지.

동시베리아 총독 무라비에프   모험가 프르제발스키

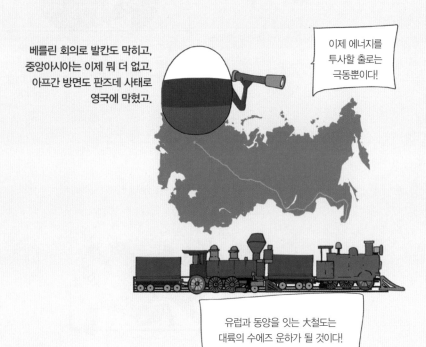

베를린 회의로 발칸도 막히고, 중앙아시아는 이제 뭐 더 없고, 아프간 방면도 판즈데 사태로 영국에 막혔고.

이제 에너지를 투사할 출로는 극동뿐이다!

유럽과 동양을 잇는 大철도는 대륙의 수에즈 운하가 될 것이다!

1888년의 어전회의에서 시베리아 철도 건설 추진 결정!

만리장성 이래 토목 역사상 최대 위업이 될 것!!

그간 돈 문제 때문에 엄두도 못 내고 있었지만;;

철도국장 비테

프랑스 차관 일부는 항만 현대화 사업에 쓰고, 나머지는 시베리아 철도 건설에 사용한다!

그리하여 1889년부터 측량과 설계가 시작되고.

아무것도 없는 태초의 야생지를 무작정 뚫어야;;

토지 매입 걱정할 필요 없는 건 다행이네.

1890년, 황태자 니콜라이가 학업을 수료.

졸업 선물은 뭘까요?

황태자 니콜라이 알렉산드로비치 로마노프(22세)

대대로 러시아의 황태자들은 학업을 마치면 유럽으로 졸업 여행을 다녀오곤 했단다.

오, 좋네요.

하지만, 니콜라이. 네가 갈 졸업 여행은 유럽이 아니라 동양이다!

오?

미국인들이 미래는 태평양의 시대라고 떠들지 않더냐?!

거대한 시장 중국이 있고, 일본도 근대화 노력 중이지.

이제 시베리아 철도 건설을 시작으로 동양- 미래의 부와 에너지를 러시아제국의 권세 아래 두게 될 것이다!

오오~

1891년 4월 27일, 황태자 좌승함 장갑순양함 파미아트 아조바가 나가사키 입항.

하지메마시떼에~

러시아제국 황태자의 일본 입국;; ㄷㄷㄷ

하지메마시떼에~

당시 일본에서는 제국 의회 1기 회기 종료를 계기로 야마가타가 사직.

5월에 마쓰가타 내각이 막 성립된 시점.

4대 총리 마쓰가타 마사요시

러시아에 대해 일본이 좀 껄끄럽게 생각하는 부분이 있지만, 그러니 만큼 황태자의 예우에서 책잡힐 그 어떤 빈틈도 있어서는 안 될 터.

거국적 접대 과업!

아아, 너무 긴장하지 마시고요~
유럽에서 유행하는 자포니즘을
통해 저도 일본에 대해 나름
알 만큼 안답니다~ㅎ

원, 그러시다면~
와패니즘 풀코스로
보시겠나이다~

영국 유학 다녀온
다케히토 친왕이
접대를 맡는다.

(그 다루히토 친왕의 동생)

가고시마에서
사무라이 군무도 보고.

그때 닌자가
등장한다!

게이샤~!
나비 부인!

도쿄 가서 천황 만나기 전에
교토를 중심으로 일본
서부 유람을 진행합니다.

일본 축제 체험!

아아, 비와호에 갔는데 비가 안 와서 아이러니네요~

그렇게 교토 주변 관광 중 5월 11일에는 오쓰로 가서 비와호 경치를 구경.

. . . . .

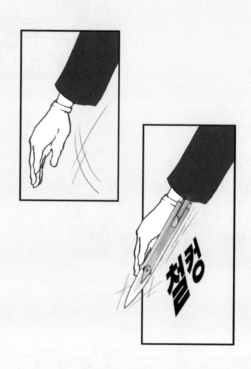

철컹

제 1 2 장

오쓰 사건

1891년 5월 11일,

비와호를 둘러보고
오쓰 마을을 지나던
니콜라이 황태자 일행.

이제 교토에서 기차 타고
도쿄로 가서 천황을
만날 일정이 남았지요.

행렬이 지나가는
시모코가라사키초 노변에서
경비를 서고 있던 지역 경관 쓰다 산조.

음?

츠릉

대러시아제국
황태자 전하께서는
산조의 칼을 받으시오!!

타닷

억?!! 설마 사회주의
혁명가놈들이
일본에까지?!!

촤아아

1891년 5월 11일,
러시아 황태자 니콜라이
사망.

러시아 全 함대 극동으로.

일본, 전력을 다해
사죄.

한반도에 러시아군
1개 사단 진주.

쿠릴 열도

러시아에 할양.

1894년, 니콜라이의 병약한
동생 게오르기가
제위를 계승.

개혁 군주!
평민 황후!

1899년, 게오르기가 죽자
셋째 동생 미하일이
제위를 계승.

전쟁도, 혁명도
피합시다.

다행히 칼날은
오른쪽 이마를
스쳐 지나갔고.

끄악!!!

쓰다는 황태자 일행의 인력거꾼들과
게오르기오스 왕자에게 제압당한다.

괜찮으십니까?!

아야, 칼날잡기를
했어야 했는데…

일본 의사는 믿을 수
없고, 함선에서
군의관을 부릅죠;

일단 교토의
호텔로;;

끄아아아아아아아;;

다케히토 친왕이
급히 도쿄에 연락.

러시아 황태자,
교토에서 칼침 피습!!
생명에는 지장 없지만
사태 엄중!!

도쿄의
정부 수뇌부 경악.

천황이 다음 날 아침 곧바로
기차 첫차를 타고 교토行.

일본이,
이 섬나라가
내 대에 망한다!!!

2년 전인 1889년, 도쿄에서 교토-오사카-고베를
잇는 도카이도선이 개통되었기에 기차를
타고 교토로 빠르게 갈 수 있었던 것.

東海道線

무정차 특급으로 달렸지만
그래도 한나절 꼬박 걸림;;

5월 13일,
천황은 교토 도키와 호텔의
니콜라이 황태자를 방문.

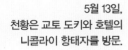

귀한 손님께 이런 변을
안겨드리다니, 통석의 념을
금할 수 없습니다;;

아아, 이 정도 기스는
해외 여행 다반사죠~ㅎ
염려하실 필요 없습니다~

하지만 공포에 질린 일본 국민의
염려로, 러시아 공사관에 1만여 통의
사죄 편지가 도착했고.

죄송합니다!!!
죽을 죄를 지었습니다!!
мне жаль!
Извините!

일본이 일본해서
죄송합니다~ㅠㅠ

숲 국민적인 사죄 집회,
러시아 황태자 쾌유 기도회가 이어진다.

용서해주신다면 천년만년
사죄하며 살겠습니다!!ㅠㅠ

황태자 전하께 끼친 일본인의 무도함을 일본인의 목숨으로 갚겠나이다!!

하타케야마 유코(26)라는 여성은 교토로 상경해 사죄 자결.

언론 보도를 통해 전 국민적인 영웅 열사가 된다.

시대의 열녀를 보라!! 이것이 일본인의 한 조각 붉은 마음일지니!!

와;; 일본인들은 정말 사죄와 반성을 잘하는 사람들이군요;;

할많하않….

(삐진 건 아니겠지?)

니콜라이는 도쿄行 일정을 취소, 귀국을 위해 고베의 러시아 함선으로 돌아가고.

아, 돌아가기 전에 천황 폐하를 저희 함상 만찬에 모시고 싶은데 어떠신지요?

헉;

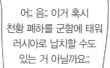

어;; 음;; 이거 혹시
천황 폐하를 군함에 태워
러시아로 납치할 수도
있는 거 아닐까요;;

예전 청나라로
납치된 대원군의
사례처럼;;

하; 서양 문명인들이
당신네들 머릿속 레벨과
같은 수준일 거 같으쇼?

우리 장갑순양함이
보시기에 어떠신지요.

5월 19일,
천황은 러시아 함선에 올라
니콜라이 황태자와 만찬 환담.

아야; 정말 일본으로서는
100년이 지나도 도달하기
어려운 무력인 듯싶습니다;;

만찬 후,
니콜라이를 태운
러시아 함대가 출항하며
황태자의 일본 일정이
마무리된다.

이제 블라디보스토크로
시베리아 철도 기공식 하러
간답니다~

다 스비다냐~!

후우;; 일단 한 고비
넘긴 건가;;;

아니, 아니,
안심하긴 이르죠.

헉;;

러시아는 일본 측에서
이 사건의 사후 처리를 어떻게 할지
매우 관심 있게
지켜보고 있답니다.

**주일 러시아 공사
셰비치**

ㅎㅎ;
당연히 범인은 바로
처형토록 하겠습니다;;

일본 법원에서 사형 선고 내리면,
저희 황태자 전하께서 일본에
은사를 요청해 무기징역으로
감형되는 그림이 가장
좋을 것 같습니다.

아아~
정말 탁월한 구상이십니다!
일본인들도 황태자 전하의
은덕에 감탄할 것입니다!

러시아 공사랑 그리 얘기가 되었고…

대체 그 미친놈은 갑자기 왜 칼질한 거래?
러시아 혁명가들과 결탁했나,
교토의 양이지사 귀신이 씌었나….

아, 그런 게
아니라 말이죠;;

쓰다는 서남전쟁 종군의 공으로
경관 일자리를 얻은 자인데,

사이고;; 사이고가 돌아온다!!
러시아 황태자를
쫓아내야 해!!!

죽지 않고 러시아로 도망친 사이고가
러시아 황태자와 함께 일본에 돌아와
복권되고, 그에 따라 자신의 서남전쟁
종군의 공이 무효화될 거라는 망상에
정신이 나갔다고 합니다;;

저런 미친놈이
칼을 휘둘러 나라를
위기로 몰아갔으니

쓰다의 재판은 국사 사건으로 분류되어
3심이 아닌 대법원 단심 재판으로 진행.

사법부에서는
하이패스로
사형 때려주시길 바랍니다.

아니; 아니; 살인 미수로
사형 때리는 경우는
일본 형법에 없소이다.

⁉

대심원장(대법원장) 고지마 고레가타

살인 미수라도
황족 위해는 대역죄로
사형에 처할 수 있잖슴?!!

아니, 그건 일본 황족 얘기고,
외국 황족까지
적용되는 조항이 아님.

아니; 저기요.;; 지금 저 미친놈
모가지에 나라의 명줄이
달려 있는 거 안 보이심??!

나라의 명줄은 국법이
명확하게 적용되고
집행되는 데 달린 게지요.

아니, 그러니까, 지금
유도리 발휘를 안 하면
그 국법이 적용될 나라
자체가 사라진다니까?!!

법리를 기분에 따라
주관적으로 적용할
나라 같으면
그냥 사라지는 게 나음.

아니, 저기요, 일본이 앞으로
그렇게 정의지국 컨셉으로
갈 거 아니라고요!!!!

어떡하죠;;
판사는 종신제라
짜를 수도 없고.;;

계엄령 때리고
계엄령 아래 군사재판으로
사형 선고할까;;

**대심원의 완고한
사법 개입 거부에
원훈 수뇌부 당황.**

(20년 후, 정말 잘 주무른다.)

거, 판사들 다룰 줄 모르시네.
내가 시간 좀 들이면 주머니 속
떡처럼 주무를 수 있는데.

사건 16일 후인 1891년 5월 27일,
대심원은 결국 쓰다에게 무기징역 선고.

이 판결은
일본이 권력에서 독립된
사법부를 가진 근대 법치국가임을
세계에 널리 보여줄 것이다.

쓰다는 4개월 후인
1891년 9월, 홋카이도
감옥에서 옥사.

그래도 사이고가
돌아오는 건 막아냈다.

이 판결에 셰비치 공사는
당연히 노발대발.

아니, 외무대신이 분명히
사형 때릴 거라고 약속했는데,
지키지도 못할 약속 왜 함?!

아니, 아니, 그게 다 이토와 이노우에가
시켜서 진행한 밀약이었다니까요?
내가 녹취록 까면 이토와 이노우에
모가지 날라감.

외무대신 아오키 슈조는
책임을 원훈들에게 돌리고.

결국 정권 수뇌부의 분노를 산 아오키는
6월, 외무대신직에서 경질.

트롤은 지들이
다 해놓고….

러시아 측은 다행히 이 판결을
크게 문제 삼지 않았고.

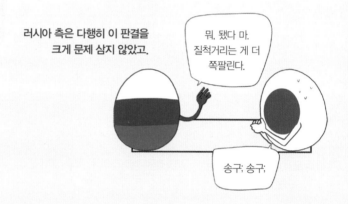

뭐, 됐다 마.
질척거리는 게 더
쪽팔린다.

송구; 송구;

이런 기스로 호들갑 떨면
상남자가 아니지요.

니콜라이 황태자도 이를 별로
문제 삼지 않았다고.

상남자 특: 집까지 시베리아 육로로 감.

고작 섬 원숭이가
할퀸 정도로….

한편, 이 오쓰 사건 판결을 통해 사법계가 권력의 간섭을 단호히 배격! 사법 독립의 견고한 성을 쌓았다고 평가할 수 있겠습니다!

이는 실로 근대국가의 근본인 3권 분립을 만천하에 과시한 것!

일본 엘리트들은 이미 근대성을 내재화한 것!!

비록 판사들이 내각 산하 사법성 소속이긴 하지만, 판사 종신제가 그 독립성의 강력한 방패가 되어주지요.

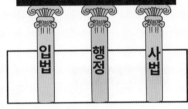

3권 분립

입법 | 행정 | 사법

어; 음…;;

—라고 하기에는 일단 입법부가 너무 스티로폼 장식품이라….

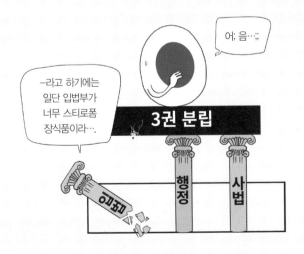

3권 분립

입법 | 행정 | 사법

그리고 이 사법부의 독립성 과시는
3권 분립 차원뿐 아니라
슬슬 진행되고 있는 정부 내 여러 조직
관벌화의 차원으로도 볼 수 있는 것.

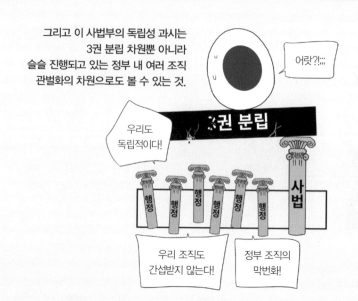

일본제국 정부의 여러 조직은 실로
저마다의 견고한 성에 고립된 독립 세력들.

보통 국가라면
이 모든 행정 조직은
'정치 권력'을 획득하는 정당,
세력에게 주어지는 수족일 터인데—

'정치'가 거세된 일본제국에서 이 모든 조직은
그 위에 어떠한 상부도 없이 오직 천황에게만
책임지는 구조를 갖추고 제각각 알아서
굴러가게 되어 있는 것.

'권력은 어디에서
오는가'라는 문제를
해결할 수 없는 체제.

우리 조직에 이래라저래라
할 수 있는 건 오직
천황 폐하뿐이다!

(그리고 물론 천황은
이래라저래라
하지 않지.)

이렇게 독립적 관벌이 되어가는 정부 조직들을
조종해 굴릴 수 있는 윗선이라는 건—

정부 조직 그 자체를
처음 만들어내고,
인맥과 돈줄, 사바사바로
주무르는 원훈 정치!

막후 원훈

역시 일본은 유신
원로들이 아니면
안 굴러간다니까~!

아아… 물론 이런 주먹구구식 원훈 정치가 지속 가능한 게 아니란 건 잘 알고 있음요.

슬슬 정당 정치라는 걸 도입하긴 해야 할 터인데….

뿌우우웅

음?

청선 내항!!

참깨 와쩌염~
뿌우~

1891년 7월,
북양 함대 본대
요코하마 입항!

제 1 3 장

1880년대
연대기 上

1880년

1880년 한 해,
일리 지역 귀속 문제를 두고
러시아와 청나라 간
'일리 위기' 진행.

발틱 함대!
극동으로!!

뭐 어찌어찌 청나라가
일리 돌려받게 됨.

9월, 《조선책략》 조선 반입.

조선은 친중,
결일, 연미!
(러시아에 대항하라!)

근대화의
컨트롤 타워가
필요하다.

12월, 통리기무아문 설치.

統理機務衙門

어떻게 민족 이름이
보어;;

같은 달,
남아프리카에서
1차 보어전쟁 발발.

보어물 맛
찌끔만 봐라.

1880년,
리틀 빅혼 전투(1876년)에서
미군을 전멸시킨
웅그린 황소(시팅 불)가
미군에 항복.

예아! 불스
원샷!

프랑스가
남태평양 타히티 병합.

ㅎㅎ~ 고갱 님은
10년 후에
오신답니다~ㅎ

프랑스 건설진이
파나마 운하 공사 착공.

11년 전에
수에즈도 뚫었는데
파나마쯤이야!

의이이잉~
잉터레스팅~

기미 김미 기미~
a man after midnight♪

프란츠 에케르트가
〈기미가요〉 작곡.

혁, 컨꼬가
아니었어?!

퀼른 대성당 완공
(1248년 착공).

美 《사이언스》 창간.

《네이처》는 1869년 창간.

英 올리버 헤비사이드가
동축케이블 발명.

도체

도체

절연체

절연체

중심 도체를 이렇게 절연체, 그 바깥의 도체,
그 바깥의 절연체로 감쌀 경우
중심 도체의 전송 손실율이 크게 경감.

동축케이블
맛 좀 봐라!

그 밖에 헤비사이드는 멕스웰 방정식을
축약하는 등 여러 전자기학 이론들을 정립.

퀴리 형제가 '압전 효과' 발견.

퀴리라는 성씨는
'퀴리 형제'로 역사에
길이 남을 것이다!

흠⋯.

자크 퀴리(25세) 피에르 퀴리(21세)

설탕이나 석영(쿼츠), 토파즈 등의
결정 구조체가 압력을 받으면
전기가 발생하는 효과.

따직

훗날 전자시계, 딱딱이
등으로 활용된다.

선박(컬럼비아호)에
최초로 발전, 조명 등의 전기 시설 설비.

도스트옙스키가 《카라마조프가의 형제들》 출간.

비치 비치 비치 뭐뭐나 뭐뭐바 비치 비치

1881년

5월,
일본 근대화 시찰을 위한
조사 시찰단 파견.

오모테나시~

같은 달, 별기군 창설.

9월, 청나라의
양무 운동을 배우기 위한 영선사 파견.

양무라면…
서양 무
맛있음?

10월,
이재선 역모 사건.

고종의 이복형 이재선이
역모에 연루되어 사사되다.

3월, 러시아 황제
알렉산드르 2세 암살.

인민의 의지
만세!!

아오, 이 등신
빨갱이놈들아!!

BOOM

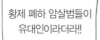

알렉산드르 2세 암살에 대한 가짜 뉴스 때문에
러시아 각지에서 유대인 박해(포그롬) 진행.
수십~수백 명 사망.

7월, 美 대통령 가필드 피격.

두 달 후 사망.

2월,
마주바 언덕 전투에서 영국군 참패하며
1차 보어전쟁 종결.

트란스발 공화국 독립.

1881년, 이집트에서 케디브(총독) 테우피크와 우라비의 갈등 끝에, 우라비가 이끄는 민족주의 세력이 정권 장악.

이집트 남쪽 수단에서는 무함마드 아마드의 봉기로 마흐디전쟁 발발.

11월, 칠레 남부에서는 마지막 마푸체족 반란 발발.

1881년, 프랑스가 튀니지 병합.

튀니지를 노리던 이탈리아가 질시함.

12월,
빈의 링시어터 극장 화재.

449명 사망
ㄷㄷㄷ;;

1881년, 탕쉰과 쉬거장 간 철도 개통
(최초의 중국 자체 철도).

승객용은 아니고
텐진으로의 석탄
수송 열차였지요.

베를린에서 최초의
노면 전차(트램) 운행.

짜릿해!

세계 일주에
나선 하와이 칼라카우아 국왕,
태국, 중국에 이어 일본 방문.

일본 왕실과
하와이 왕실 간에
사돈 맺으면
어떨까요?

어;; 음;;

천황과의 회견에서
양국 왕실 간 국혼을 제안.

세이코 창립.

시계 만들어 팔아
먹고살자꾸나.

프랑스에서 퀴츠
압전 효과라는 게
발견되었다는데….

1882년

5월,
조미수호통상조약 체결.

이 기회에
태극기도 뽑고.

7월, **임오군란** 발발.

대원군 컴백!

8월, 청이 대원군 납치하며 임오군란
진압.

청깨 #$%!

이어서 일본과 제물포조약.

일본에 피해 보상!
공사관 경비 병력 파견 보장!

10월, 청과 조청상민수륙무역장정.

진짜 찐 속국으로
만들려는 속셈이군요;

4월, 프랑스군이 하노이 점거.

도와줘요!
중국맨!!

이에 청군이 통킹 지역으로 내려와
프랑스군과 대치하며 통킹 위기 시작.

9월, 영국이
이집트 침공 및 점령.

수에즈는
여왕 폐하
자산이다!

컥; 이제 진짜로
영국 속국行인가;;

무라비는
스리랑카로 유배.

1882년,
독일, 오스트리아, 이탈리아의
삼국동맹 결성.

(삼제동맹 때의 러시아를
이탈리아로 대치한다라…)

미국이
중국 이민 배제법 입법.

중국놈들, 미국
그만 와라. 이민 금지.

러시아가
유대인 권리 제한을 위한
5월법 입법.

유대인의 신규 부동산 취득을 제한하고
대학, 군 장교단에서 유대인 비율이
5%를 넘지 않도록 제한한다.

내무장관 이그나티에프
(연해주를 탈취해온
그 이그나티에프)

가스 샤워장 딸린
수용소는 안 만드쇼?!

러시아제국의 유대인 박해를
맞이해 동유럽 유대인들이
유럽 탈출 러시에 나서기 시작할 때,
옛 이스라엘 땅으로의 귀환을
주장하는 운동들이 발흥.

유대인들의 옛 고토
시온으로 돌아가자!!

'호베이 시온',
'빌루' 운동 등.

호베이 시온 지도자
아이작 골드버그

본격적인 시온주의 운동
이전 단계랄까.

프랑스 로스차일드가의
지크론 아야코프 로스차일드 남작

이러한 시온 귀환 운동에 같은 유대인인
로스차일드 가문이 자금 지원.

엣다! 오스만 정부를 돈으로 바르고,
팔레스타인 땅 다 사드림!

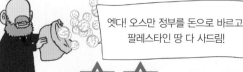

이렇게 멍석이 깔렸으니
젖과 꿀이 흐르는 조상들의
옛 땅으로 가볼까나~

이 1차 알리샤
(고토 귀환 정착촌 건설 운동) 때
유럽에서 약 2만 5천~3만 정도의
유대인들이 팔레스타인行.

But, 땅이 너무 척박하고 동네도 너무 오지라서 왔던 사람 중 절반 이상이 탈주해 돌아갔답니다;;

· · · · ·

이 땅을 정착촌으로 일구기에는 아직 기술과 인원이 부족하달까;;

3월, 우에노 동물원 개장.

쇼군도 못 부린 사치구먼.

상하이에 동양 최초의 전화 교환국 개설.

헬로우~

웨이(喂)~

(여보세요?)

Why?

1882년, 헨리 실리가 전기 다리미 발명.

편리하긴 한데 너무 뜨겁다;;

쉴러 스카츠 휠러가 전기 선풍기 발명.

그 뜨거움은 선풍기로 식히면 됨!

에디슨이 뉴욕에서
민간 전력 공급 사업 시작.

그리 전기 펑펑 쓰시고
전기 요금 잘 내주시면 됩니다!

이 일본은행은 언젠가
천하를 놀라게 할
어마무시한 중앙은행이
될 것이다.

일본이
중앙은행인
일본은행 설립.

바르셀로나에서
聖 가족 성당 착공.

Sagrada Familia

3월, 코흐가
결핵균 발견.

코흐흑!

코흑 코흑

8월, 모스크바에서 차이콥스키의
〈1812년 서곡〉 초연.

나폴레옹
죽어라!!

1883년

7월, 조선 조정이 미국에 보빙사 파견.

천박한 개드립의
여지는 없겠지요?

8월, 프랑스 원정군이
베트남 수도 후에 점령.

베트남 조정
항복.

10월, 남미 태평양전쟁이
칠레의 승리로 종결.

볼리비아에서
바다를 박탈한다!

크흑; 길쭉하고
더러운 놈 ㅠㅠ

8월 26일, 인도네시아
크라카타우 화산 대폭발.

이어진 쓰나미로
약 3만 6천 명 사망.

미친 화산이 폭발하고
사라져버렸어;;

1883년, 독일이 사회보장법 시행.

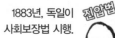

SCV 안 터지게 잘 관리하는 게 운영 실력이지!

아일랜드 독립 만세!!!

10월 30일, 런던에서 최초의 지하철 폭탄 테러 발생.

아일랜드 뭐시기 형제단

으어;; 60여 명이 부상당했지만 다행히도 사망자는 안 나왔다;;

11월, 중국 최고 재벌 호설암의 부강전장 부도로 상하이발 금융위기 발발.

아오! 그렇게 왜 생사 매점 투기를 해가지곤;;

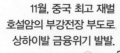

으어; 이건 음모다!!

호설암을 터뜨리기 위해 성선회와 이화양행(자딘&매터슨)이 수를 쓴 거라는 설도.

1883년, 지적재산권 정립을
위한 파리협약.

자자, 이제 특허법
세계적으로
다 적용되고요~

남의 물건 짝퉁
생산하지 맙시다~

이제까지는 그럼
불법 복제, 짝퉁 다
가능했단 말인가?!

파슨스가
증기 터빈 발명.

ㅇㅋ, 바로 국제
특허 내봅니다!

찰스 프릿츠가 태양 전지 발명.

후훗, 19세기 태양 전지의
에너지 효율은 1% 미만!
온종일 기다려도 폰 배터리
한 칸도 못 채우지!

조지 이스트만이
감광 필름 발명.

무겁고 불편한
유리 건판 아웃!
둘둘 말 수 있는 가벼운
'필름'의 시대 시작!

저 코… 저 코!!!

《피노키오》 출간.

1884년

8월,
푸저우 해전으로
청불전쟁 개전.

청 복건 함대 전멸.

12월,
갑신정변 발발.

3일천하의
비웃음만 남는구나!

3일 만에
청군에 의해 진압.

1월, 마쓰시마 사건 발발.

육군 오사카 진대 병사들과
오사카 경찰의 패싸움으로
육군 병사 2명 사망.

육군 1400명이
경찰 600명에게 졌어?!

5월의 군마 봉기와 10월의 치치부 봉기,
9월의 도치기현 현령 암살 미수 사건 등
자유당계 과격파의 소요 계속.

아니, 세상 천하
어디에 자유당이란
이름 붙이고 저런 짓
하는 놈들이 있나;;

1884년, 조이수호통상조약 체결.

아주 Joy
하군요!

서울에 상인들의 상업회의소- 상무사 개설.

오늘날의 대한상공회의소는
이 1884년의 상업회의소를
직계 전신이라 주장합니다.

근대 인쇄 시설
'광신사' 설립.

옛날 우리나라에서
금속활자 처음
만들었는데….

농우목축시험장 설치.

홍영식이 미국 다녀오면서
종자와 가축, 농기구 등을 얻어 와
만든 국가 시험 농장이지요.
그 양반 목은 날아갔어도
우유는 계속 짜야 함.

비행선 '라 프랑스'가
프로펠러를 이용한
최초의 동력 이동 성공.

전기 모터로
프로펠러를 돌려
인류 최초로 비행체를
인간의 의지대로 운행!

베를린 폭격
가즈아!!

하이럼 맥심이
맥심 기관총 발명.

맥심 3종의
맏형이지요!

비에이유가 무연화약 발명.

단순히 총에서 연기가
안 나는 것만으로도 엄청난
전술적 이점을 안겨준다!

으어; 연기 때문에
다음 사격까지
조준이 오래 걸린다;

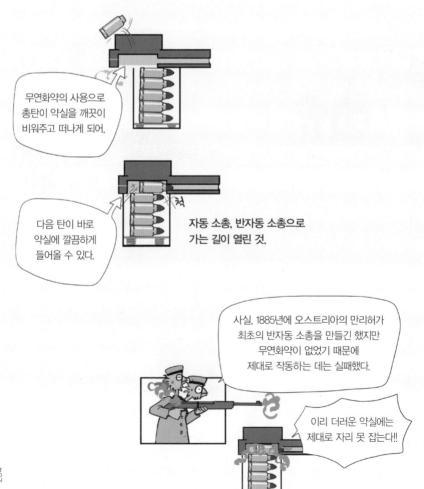

무연화약의 사용으로
총탄이 약실을 깨끗이
비워주고 떠나게 되어,

다음 탄이 바로
약실에 깔끔하게
들어올 수 있다.

자동 소총, 반자동 소총으로
가는 길이 열린 것.

사실, 1885년에 오스트리아의 만리허가
최초의 반자동 소총을 만들긴 했지만
무연화약이 없었기 때문에
제대로 작동하는 데는 실패했다.

이리 더러운 약실에는
제대로 자리 못 잡는다!!

세계 자오선 회의에서
영국 그리니치 천문대를 지나는 선을
본초자오선으로 결정.

-라는 건
인정 못 한다!!
차라리 공해상의
선으로 해야제!

세계 표준시도
그리니치 표준시로
하는 걸로.

프랑스는 1911년에야
그리니치 본초자오선을 인정.

제임스 랑게 이론 발표.
'정서는 신체 반응에 후행한다.'

외부 자극에
신체가 먼저 반응.
(웃음)

1.외부 자극   2.신체 반응

3.정서 진행   그 신체 반응에 따라
정서가 진행된다.

행복해서 웃는 게 아니라
웃어서 행복한 걸 아는 것.

행복해~!

옥스퍼드 영어사전 런칭.

Palli~Palli~

Kim-bab

Oppa

goobsinist

OED Oxford English Dictionary

굽씨의 오만잡상

1880년대 출생 인물들에 대해서는 언급하지 않고 넘어갈 수가 없겠습니다.

무솔리니(1883), 도조 히데키(1884), 히틀러(1889) 모두 80년대생이지요. 저 시기에 대체 무슨 마가 꼈던 걸까요. 저 무렵 태어난 아이들은 벨 에포크의 품에서 성장하고 청년기를 보낸 후, 20~30대에 제1차 세계대전을 겪게 되니, 확실히 사람이 좀 이상해질 수 있겠습니다. 저들에게 맞선 루스벨트(1882), 장개석(1887)도 80년대생이지요. 처칠(1874)과 스탈린(1878), 이승만(1875)은 그 전인 70년대생이고, 모택동은(1893)은 90년대생이군요. 또한 제2차 세계대전 때 활약한 장군들 다수가 80년대생들입니다. 그 밖에 아타튀르크(1881), 루쉰(1881), 피카소(1881), 김규식(1881), 조만식(1883), 코코 샤넬(1883), 트루먼(1884), 여운형(1886), 채플린(1889), 비트겐슈타인(1889) 등의 80년대생들이 있습니다. 실로 청춘과 장년을 세계사의 거친 소용돌이에 내던진 80년대생들이라 하겠습니다.

오늘날의 세계사는 좀 덜 스펙터클하긴 해도, 우리 (19)80년대생들에게 좀 더 친절한 것 같아 다행입니다.

1880년대
연대기 下

1885년

3월,
청불전쟁의 분수령이 된
진남관 전투.

이 전쟁, 청군의
승리!!

4월, 청불전쟁 정전.

승리는 좀
오버고….

무승부 ㄱㄱ;;

5월, 텐진에서
청불신약으로 전쟁 종료.

1월,
러시아 외교관
시페이에르
조선 입국.

1차 조러밀약설
해프닝.

3월, 판즈데에서
러시아군과 아프간군 교전.
판즈데 위기 발발.

러영전쟁
위기!

러영전쟁 위기 와중인 4월, 영국 함대가 조선의 **거문도 점거.**

같은 달, 청·일 간 조선 문제에 대한 톈진조약 체결.

조선에서 양국 군대 다 철수하고,

조선 변고로 출병 시, 서로 통보할 것.

10월, 대원군 귀국.

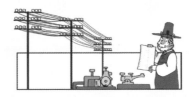

1885년, 서울과 인천 간 전신 개설.

우두 접종 실시.

으어어 전기 신호로 록펠러에게 조종당한다~!

배재학당 설립.

제중원 설립.

7월, 프랑스군이
베트남 후에성 점령.

청불전쟁 종료로
베트남은 빼박 프랑스
식민지 확정!

왕실의 금은(약 2400만 프랑)과
수많은 보물, 문화재를 약탈.
조종 능묘도 모두 파헤침.

후에성 약탈이
원명원 약탈의 수익을
능가했다고.

함의제는
후에를 탈출해
정글로 들어가
항불 근왕령 발령.

앉아서 망국을
구경만 하겠는가!!
일어나라 베트남!!

너희 의로운 신민들은
달려오고 달려오라!!

이에 베트남
전국의 백성과
관료, 지방군, 선비 등
각계 각층이
거국적으로 호응.

어느 제국
나부랭이가
베트남을 날로
먹으려 드느냐!!

저항은 베트남인
종특!!

약 50여 개의
의병 조직이 봉기.

'근왕 운동'이라 일컬어지는 총력 항불전쟁이
몇 년간 이어지게 된다.

11월, 오사카 사건.

자유당계 과격파가 김옥균을 간판 삼아
서울로 쳐들어가 무력으로
친일 정권을 세우려고
병력과 무기를 모으다가 발각된 사건.

> 장사 100명만 있으면
> 경복궁 1시간 클리어 쌉가능!

12월, 일본 내각 제도 실시.
이토 히로부미가 초대 총리 취임.

> 40대 흙수저
> 성공 신화!

1월, 수단 하르툼이
마흐디군에 함락당하고,
찰스 조지 고든 참수.

> 고든 컷!

11월,
3차 영국−미얀마전쟁 발발.

> 2주 전쟁!
> 꼰바웅 왕조 멸망!
> 미얀마 합병!

같은 달,
세르비아−불가리아전쟁.

> 발칸 캡짱은
> 이 몸이다!!!

불가리아의
동루멜리아 합병에
세르비아가 반발해
전쟁 걸었다가 패배.

양측 공히 800여 명의
전사자를 내고 2주 만에 종료.

9월, 록스프링스 학살 사건.

와이오밍주 록스프링스에서
백인 광부들이
중국인 광부들을 습격해
28명 피살.

물론 아무도
사법 처리되지 않았다.

1885년,
베를린 회의 완료.

유럽 열강의 공명정대한
아프리카 분할 합의!

수전증 있냐?
직선으로
똑바로 그어라.

이령

불령

영령

비령

독령

포령

영령

콩고 백성의 자유와
번영 이룩에
제 손모가지를
걸겠습니다!!

베를린 회의 결과, 벨기에 국왕령
'콩고 독립국' 탄생!

오, 진짜?

레오폴드 2세

인도 국민회의 발족.

인디 붐은… 온다!

후쿠자와 유키치가
탈아입구론 피력.

똥양 탈출은
지능순!!!

갑신정변 실패에
실망과 분노.

루트비히 볼츠만이 슈테판·볼츠만 법칙 정립.

흑체의 단위 면적당
복사 에너지는
절대온도의
4제곱에 비례한다.

이걸로 대충 별빛을 통해
별의 온도와 크기를
추정할 수 있다는 듯.

윌리엄 스탠리가
실용적 교류 변압기 발명.
현대적 교류 전송 시스템 구축.

교류 붐은… 왔다!

파스퇴르가
광견병 백신 개발.

백신 접종은
지능순!!!

카를 벤츠가
최초의 내연기관
'자동차' 발명.

부인인 베르타 벤츠가
최초의 자동차
장거리 운행.

닥터 페퍼 탄생.

'닥터'와 상관없음.
향신료 '페퍼'와도 상관없음.
사람 이름 '페퍼'와도 상관없음.

기린 맥주 설립.

이 기린이
아니다.

오페라 〈미카도〉 초연.

천황 폐하의 숨겨둔
아들래미 납시오!

아, 어쩔 텐노~

현대
코믹 뮤지컬의
시초.

일본제국 시절에는
일본 공연 금지였다.

니체,
《자라투스트라는 이렇게 말했다》 완성.

자라.

244

1886년

8월,
2차 조러밀약설 파동.

민영익 실각.

조선이 러시아군
끌어들이고 항구
조차해주기로
밀약 맺었드아!!!

같은 달,
나가사키 사건.

민도 보소!

나가사키에서
청국 수병들 난동.
일본 경찰과 무력 충돌.

4명 죽고, 2명 죽고.

10월, 노르만톤호 사건.

일본 승객들 죽게
방치한 영국인 선장을
불평등조약 때문에
처벌할 수 없댄다!!!

조약 개정 운동,
정부 규탄 시위 격화.

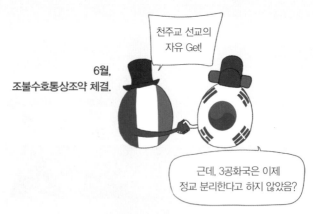

6월,
조불수호통상조약 체결.

5월,
헤이마켓 사건.

시카고 헤이마켓 광장에서의
대규모 노동자 시위 도중-

사제 폭발물 폭발로 경관 1명 사망.
이에 경찰의 대응 사격으로
노동자 수 명 사망.

헤이마켓 사건으로 노조 지도자들 체포.
졸속 재판으로 용의자 5명 처형.

10월, 뉴욕에
자유의 여신상 완공.

출판 저작권 확립!
불펌 금지!

1886년,
베른 협약.

소설, 만화 등등
불법 복제, 불법 번역
하면 안 돼요~!

헤르츠가 전자파 관찰.

이제 와이파이 비번만
알아내면 되겠군요.

로베르트 보슈가 공구회사 보쉬 설립.

드릴 맞좀
보쉬ㄹ?

코카콜라 론칭.

이 청량한
Soul 세례로,
미국의 영혼이
탄생한다.

찍~ 찍~

촵~ 촵~

존슨&존슨 창립.

델몬트 창립.

1887년

2월, 영국 함대가 거문도에서 철수.

9월, 황하 대홍수.

약 90만 명 사망 추정;;

아무리 대륙 스케일이라지만 좀 너무하네;;

대만성 설립.

청불전쟁 때 대만을 지킨 유명전이 초대 총독 취임.

4월, 슈네블레 사건으로 독불전쟁 발발 위기.

절대 개전해!!

다행히 독일의 회피로 전쟁 불발.

이탈리아군 전멸!

1월,
이탈리아군 1개 대대와
에티오피아군 충돌.
도갈리에서 교전 발발.

아니; 병력비가
14대 1이었다고;;;

아아~
영롱하다~

1887년, 미국이
하와이 왕국에서
진주만 조차.

·····

헬스캐년 학살 사건.

오리건주 헬스캐년의
금광을 갱단이 습격.

중국인 광부
34명을 살해하고
금을 약탈해 도주.

헬메리카 치안
도덕 수준 보소!!

훗날 갱단원 중
일부가 체포되었지만
모두 무죄방면.

중국인은
죽여도 됨.

3월, 경복궁에
전등 설치.

마이컬슨-몰리 실험.

빛의 속도는 언제나 일정하고
에테르 같은 건 없다.

에테르는 있는 편이
더 재미있었겠지만….

스코틀랜드에서 제임스 블라이스가
최초의 풍력 발전기 구동.

허먼 홀러리스가
천공카드 집계기 발명.

원시 고대
엑셀 시작!

코난 도일이
《주홍색 연구》 출간.

모리아티!
거래를 하러 왔다!

1888년

연무공원 설립.

미국 교관들 초빙!
군 근대화!

일본 육군이 사단제 시작.

육군내 反야마가타 라인을
싹 다 정리하고 말이죠~ㅎㅎ

영국군 티베트 진입.
교전 발발.

샹그릴라는
어디로 가야 함?

샹그릴라는
제국주의자들의
마음속에.

티베트는 우리
나와바리다!!

드 쿠르시 장군

동경제

한편 베트남에서는 프랑스가 꼭두각시 황제를 앉혀둔 가운데-

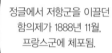

정글에서 저항군을 이끌던 함의제가 1888년 11월, 프랑스군에 체포됨.

알제리에 유폐된다.

이로써 근왕 운동 의병 무리 대충 섬멸!!

프랑스군 3만 5천을 동원한 3년의 토벌 끝에!

분하다!!

하지만 북부 내륙에서는 1890년대 중반까지도 산발적 저항이 계속된다.

이 의병전쟁으로 베트남인 수십만이 희생된 것으로 추정되는데-

그건 의병들에게 학살당한 베트남 기독교인도 포함한 숫자겠지요.

프랑스 앞잡이놈들! 종교쟁이는 죽여도 돼!

근왕 운동 기간 약 4만 명의 기독교인이 살해당함;;

크윽;; 역적 매국노놈들;;

So, 이 전쟁에서 베트남 기독교인들과 몽족 등의 소수 민족들은 죄다 프랑스 쪽에 붙었다.

우리를 벌레 취급하는 조국, 임금에게 무슨 의리가 있으랴!

콘스탄티노플 협정.

수에즈 운하는 국제 수로! 어떤 경우에도 봉쇄될 수 없다! (요금만 낸다면) 어느 나라건 정치적 차별 없이 이용할 수 있어야 한다!

But, 영국은 1904년까지 콘스탄티노플 협정의 효력을 유보한다.

8월~11월, 화이트채플 연쇄살인 사건!

그것이 알고 싶다! 잭 더 리퍼의 정체!

1888년, 홍콩 빅토리아 피크트램 운행.

내셔널 지오그래픽 협회 창설.
《내셔널 지오그래픽》 발간.

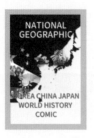

던롭이
공기 타이어 발명.

이금상이 굴소스 개발.

이 시점에서
중화요리의 BC, AD가
갈린다!

1889년

2월, 대일본제국헌법 반포.

흠~ 흠~.
흠냐~ 흠정.

방곡령 사태.

수출 제한 조치?!

7월, 파리에서
제2인터내셔널 출범.

작년에 〈인터내셔널가〉가
작곡되었다.

3월, 수단 갈라바트 전투.
마흐디군과 에티오피아군 격돌.

에티오피아 제위를 이은 메네리크 2세는
이탈리아와 수호조약을 맺어
이탈리아의 에리트레아 영유를 인정.

남태평양에서는
사모아 내부 갈등을 계기로
독일 함선 3척과 미국 함선 3척이
사모아에 입항해 대치하는
사모아 위기 발발.

하, 양키 촌것들이
떠오르는 독일제국
위엄 아직 못 들었나.

ㅇㅇ, 느그
황제 사망.

3월, 사모아를 덮친 태풍으로
양국 함선 6척이 모두 침몰하며
사모아 위기 종결.

이 뭐
#ㅅ들인가.

11월,
군부 쿠데타로
브라질 제정 붕괴.
브라질 1공화국 출범.

멋대로
노예제 폐지하는
전제군주 OUT!

·····

최후의 진보 계몽군주
페드루 2세 퇴위 및 프랑스 망명.

5월, 펜실베이니아 존스타운 홍수.
사우스 포크 댐 붕괴로 2200여 명 사망.

댐 이름이 어떻게
사우스 파크;

포크다;

1889년, 영국이
아동학대 방지법 제정.

혁대로 채찍질하지 말고!
손으로 엉덩이를 때리라고!

독일이 라인메탈 설립.

라인의 금속은
라인의 황금일까나~

5월, 미쉐린 타이어 설립.

이 마스코트의 비만 이유에
대해서는 곧 소책자로
밝히겠습니다.

(《미슐랭 가이드》는 1900년에 발행.)

9월,
닌텐도 설립.

화투로 세계를
정복하겠어!

1889년, 경학 최후의 대유 손이양이
《주례정의 (주)》 탈고.

86권 200만 자의
大서책!
주나라 예학의
근본 원리는
무엇인가?!

周禮正義

이로써 예학의 토대가
이론적으로 굳건히
완성되었다!

이제 예학 아는 체하려면
이거 다 읽어야 함;;

굽씨의 오만잡상

1880년대— 그 10년은 빈센트 반 고흐의 10년이지요. 1880년 예술가로서의 삶을 결심한 이래 그는 1880년대 전반의 5년간 그림을 익히고 다듬었습니다. 그리고 1880년대 후반의 5년간 미술사에 남을 걸작들을 남기고 1890년에 운명했지요. 고흐의 삶과 예술에 대한 방대한 이야기 중, 한·중·일 세계사와 관련해 짚어볼 만한 부분은 역시 자포니즘이겠습니다.

우키요에로 대표되는 일본 예술은 19세기 중엽 도자기 무역을 통해 유럽에 영향을 미치기 시작했고(도자기 포장지로 사용한 우키요에 종이 쪼가리가 유럽인들의 주목을 받았다고도), 이후 몇 차례의 엑스포를 통해 자포니즘은 문화 사조로서 유럽 예술에 깊이 스며들게 됩니다. 우키요에의 절제와 자유, 선명한 색과 선은 드가와 모네 등 인상주의 화가들에게 큰 영향을 미쳤고, 고흐도 이를 모사한 그림을 남겼습니다. 파리의 우키요에 취급 화방을 드나들며 그 팬이 된 고흐는 스스로 수백 점의 우키요에를 수집했지요. 그렇게 일본은 고흐에게 어떤 예술적 이상향이 되었습니다.

고흐는 편지에서— 일본으로 갈 수는 없지만, 그 비스무리한 남부 프랑스로 가야겠다며 아를로 이주한 후 "나는 일본에 있다"라고 쓰기도 했습니다. 물론 실제 일본이 아닌 그D 속에만 존재하는, 고흐의 머릿속에서 이상화된 일본이었기에 아를에서 일본을 볼 수 있었던 게지요. 차갑고 비정한 서구 문명에 대비되는 밝고 순박한 동양 섬나라의 이미지는 전형적인 오리엔탈리즘의 시각이지만, 어쨌든 자포니즘이 고흐의 화풍에 심대한 영향을 미친 것은 분명한 일. 고흐의 그런 일본 덕질에 대한 응답일지 어떨지, 100년 후 일본인들은 고흐의 그림들을 수백억에서 수천억 원 대의 가격으로 사들입니다. 이렇게 돈 펑펑 쓰는 재벌 일본과 고흐의 머릿속 목가적 일본의 괴리감은, 그 100년의 그림 가격 차이 정도 되겠지 싶군요.

제 15 장

청선 내항

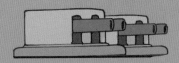

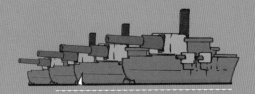

1891년 7월, 요코하마—

일본 함선들과 서양 각국의 함선들이 쏘아 올리는
수십 발의 예포와 청 함선의 답포가 항구를 진동시키고.

오하요~

6척의
청 북양 함대 함선들이
요코하마에 입항!

으아아;; 여지껏
일본에 왔던 군함 中
제일 큰 덩치다;;

이 친선 방문 함대를 이끌고 온
북양 함대 제독 정여창이 천황 예방.

대륙 천자께서
섬 천자께 보내는
문안 전해 올리옵니다~

우리 동양 이웃의 군함들이
이리 위풍당당하니
실로 함께 기뻐할 일이오… ㅎㅎ;

북양 함대는
일본 정부 인사와
해군 장교, 셀럽, 언론인을
정원함으로 초청해
함정 개방 행사를 갖는다.

동양 최대 군함
정원함의 내부
최초 공개!!

SNS에 무단 게재
삼가주세요.

북양 함대의 중핵
동양 최대 최강함 듀오!
정원 & 자매함 진원!

배수량 7435톤에
305mm 2연장포 2기.

크루프 305mm
2연장포;;
일본 함선들은 모조리
한 방 컷이겠는데;;

중국놈들이 이런 흉악 템을
다룰 레벨이 되나?
렙제 없나?;;

아아, 레벨이라면 그간
중국도 제법 열렙했지
말입니다~

어이쿠; 이런
실례를;;

익히 아시는 바대로,
태평천국전쟁을 거치며 회군과 상군 라인에서
지방 곳곳에 무기 공장들을 세우는 걸로
양무 운동이 시작되었고.

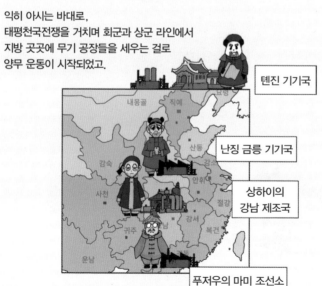

텐진 기기국

난징 금릉 기기국

상하이의
강남 제조국

푸저우의 마미 조선소

1870년대~1880년대에 걸쳐 군수 공업뿐 아니라
공업 전 분야에 걸친 근대화가 추진되어왔습니다.

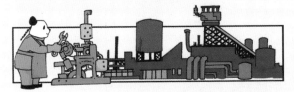

섬유, 발전소,
제지, 인쇄, 제약,
유리 등등.

기기 직조국에서 중국 면직
산업 부활의 신호탄을 쏘고.

(1878년)

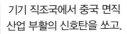

란저우 직이국에서는
모직물 생산까지 추진했지요.

탕산 탄광과 철광 개발.

(1876년)

근대화의 쌀!
석탄과 철광석
자체 조달 성공!

이 석탄을 텐진으로
실어 나를 철도도 개통!

(1881년)

우한의
한양 제철소 준공으로
중국도 강철 생산 시작!
(1890년)

청불전쟁으로 박살 났던
푸저우 선정국도
독일 자본과 기술로 더 크게 재건.

국내 선박 공급을
책임진다!

철과 석탄을 자체 생산해
이를 가공하고 무기로 생산하는 데까지
모두 중국 내에서
가능한 시스템이 갖춰진 것입니다!

주로 크루프 제품들을
라이센스 생산하고 있다.

운송에서는 윤선초상국 등의
해운 회사들이 설립되어 하천과
연안 수운 셰어를 양놈들에게서
되찾아오고 있다.

(1872년)

1884년부터 전신망 건설이 시작되어
1892년이면 대충 내륙 주요 도시들을
전신망으로 모두 연결!

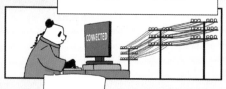

헬로~! 대륙!

외국어 학교들은 이윽고
과학, 수학 등을 모두 가르치는
종합학교들로 발전하게 되고.

중국에서 문과는 유교니까,
근대 학문은 이과 위주로 수업.

상하이기기학당, 텐진전보학당 등 이공계 학교들 설립.

경사동문관과 상하이광방어관,
강남기기제조총국에서
방대한 서양서적 번역 사업 진행.

학교, 신문, 화학,
문학, 법률, 공사, 국회,
공기, 수학, 미분, 적분,
적자생존 같은 단어들이
중국제 번역 한자들이죠.

지방 각지에서 신문들도 활발하게
발행되어 문명 개화에 큰 역할을 합니다.

상업 광고
시작!

《만국공보》《갑보》《순환일보》《호보》《술보》 등등
전국 각지에서 약 20여 종의 신문 발행.

푸저우선정학당, 북양수사학당 등의
군사학교에서는 서구식 군사 훈련을 받은
장교단이 양성되어 군 근대화의 첨병이 될 것!

뭐, 청국 군대는 여전히
회군, 상군 같은
군벌 조직 시스템으로
굴러가고 있긴 하지만….

뭐니 뭐니 해도
이 양무 운동 최대의
가시적 성과는 북양 함대!

서양제 군함을
열심히 사들인 결과
현재 총톤수 4만 톤!
동양 최대! 세계 8위의
해군력을 뽑아낸 것!!

이 비싸고 거대한 함선들을 움직이기 위해
영국 고문단 장교들을 대거 고용했는데~

Always English~!

북양 함대에서는
영어만 써야 함;;

그 고문단장인 윌리엄 랭 준장에게
청조는 명예 제독 직위를 내려
북양 함대 제독 대우를 해주고 있었다.

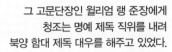

어휴, 부족한 함대
잘 이끌어주십쇼.
제독님~

아아~ 제독님이라
더 불러봐요~

아니, 근데 님,
'진짜 제독'은
아니잖아요?

1890년 랭이 제독기 게양을
고집하다가 북양 함대 장교들에게
거부당하는 '깃발 사건'이 터지고.

이에 삐진 랭은
영국 고문 장교들을
몽땅 데리고 떠나버린다.

하, 무식한 중국놈들이
현대식 군함을 어떻게
우가우가 말아먹을지…
팝콘이나 주문해놓으마.

아무튼 이 북양 함대가 대충 완성된 1891년 5월,
위해위에서 최초의 관함식을 거행.

이홍장,
감격의 눈물.

30년의 노력이
오늘에야 비로소
결실을 보았구나!

선생님
보고 계십니까! ㅠㅠ

지옥에 있는
좌영감은 응답하라.

자, 이리 풀템 뽑았으니,
동네방네 자랑해야지.

일본을 친선 방문해 중국 해군이
10년 전의 그것이 아님을 보여주도록.

그렇게 정여창이
6척의 함선을 이끌고
방일하게 된 것.

옙.

아, 물론 동양 최강 함대는 북양 함대지만
와서 보니까 일본 함대도 꽤 훌륭합디다!
화장실도 깔끔하고.

• • • • •

청·일이 함께 동양의 자존심을
지켜갑시다~ㅎㅎ

그렇게 2주간의
방일을 마치고
북양 함대 귀환.

그 결과 1892년에는
국방 예산이 국가 예산의 32%.

으어; 하루 한 끼만 먹더라도
군함은 더 만들어야 해;;

정원급 철갑함의 305mm 거포 4문에 대해
일찍부터 일본 해군은 대응 계획을
진행하고 있긴 했는데.

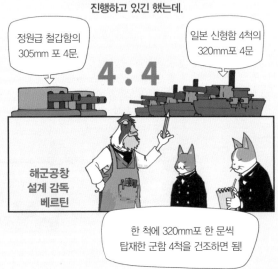

정원급 철갑함의
305mm 포 4문.

일본 신형함 4척의
320mm포 4문

4 : 4

해군공창
설계 감독
베르틴

한 척에 320mm포 한 문씩
탑재한 군함 4척을 건조하면 됨!

—라는 생각으로 건조한 마츠시마급 방호 순양함.

4300톤급 함체에 주포는
320mm포 한 문!

이거 4척이면 정원, 진원
상대 가능하다!

But, 작은 함체에 너무 큰 함포를
올려놓다 보니 명중률이 형편없고
함 밸런스도 쉽게 무너짐.

출렁

컥; 폐급
만들었네;

So, 마츠시마급은 3척만 만들고 베르틴은 해임.
(3경함)

아니, 일본 해군공창에서
만들 수 있는 한계가 4700톤급인데
나보고 어쩌라고;
지들이 그렇게 만들어
달래놓구선….

역시 군함은 해군
근본 종갓집에서
사는 게 현명할 듯.

오, 현명한 쇼핑
ㅊㅊ!!

속도에서는 현존
최고속 군함이라
자부합니다~ㅎㅎ

그렇게 1890년, 영국
암스트롱사에 발주해 만든
요시노급 2척과 나니와급 2척.

어, 4200톤급에 주포는
152mm포 4문인데 이걸로
정원, 진원 상대 가능할지;;

상대 가능할 뿐 아니라,
청과 해전이 벌어진다면
반드시 일본 해군이 이깁니다!

으의?

저번에 정원함 내부를
둘러봤는데, 청 수병들 상태가
언빌리버블이더라고요.

일과 시간에
둘러앉아 아편 빨며
마작판을 벌이고 있고.

함포 포신에
빨래를 널고 있질 않나.

함 구석에서는 닭, 돼지를 키우고 있고.

한마디로 수병들의 기강, 숙련도,
지능, 인성 등등에서 일본 수병이
청국 수병을 다이아-브론즈 정도
차이로 앞선다 확신합니다.

학교가
의무라니! #!@#

일본의 경우, 1870년대부터
국민 보통교육이 시작되었고.

교육 ➡ 군대

1890년대면 이제 대충
보통교육을 받은 세대가
군대에 들어와 있는 것.

군대가
의무라니!
$@#$@!!

그리 보통교육을 거친 청년들은
어느 정도 근대적 상식을 탑재.

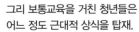

소변은 화장실에서만 보기.

볼일 보고 나면 손 씻기.

뭣보다 일본 병사들은 문맹이 아님!

화기
엄금

부적인가?

병사가 문맹이
아니면 놀랄 일.

이 정도는
읽고 이해함. ㅇㅇ

물론 중국도 국민 보통교육을
하기 싫어서 안 하는 게 아님.

학교 보내줘요~

지금 시점에서는
'물리적'으로
불가능하다는 거지….

물론 중국 병사들도 부대 단위,
개함 단위 집단에서는 끈끈한 전우애로
함께 용감히 싸울 수 있다.

하지만
근대적 애국심에 기반한
감투정신 같은 건
기대하기 어렵다.

이에 반해 보통교육 과정에서 정신교육을 통해
근대 국가관 + 유교적 충군 이념으로
철저히 뇌가 절여진 일본 병사들.

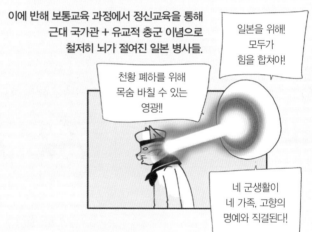

이 일본 병사들은 근대 국민군
전쟁 기계의 부품으로
훌륭히 기능할 수 있는 것.

결국 맞지도 않는 거포 템을 들고
뒤뚱거리는 비만 양 떼 무리를
속사포를 쏘는 이리들이
철저히 깨부술 것입니다!!

So,
절대 개전해!

아니,
뭐 이길 수 있다고 해서
굳이 전쟁을 꼭 해야
하는 건 아니지만….

1892년 8월,
2차 이토 내각 성립.

무쓰 무네미쓰가
외무대신으로
입각.

조선… 청… 영국… 러시아…
마야력의 예언….

천년에 한 번 오는 국운 대흥의
분기가 오고 있소이다!

아, 멕시코
있을 때 사온
마야 달력인가;

초대 駐멕시코 대사

전쟁의 기회가 온다면
질대 놓치지
말아야 함!!

굽씨의 오만잡상

중국과 일본이 조선 시장에서 경쟁을 벌이고, 장기적으로는 지역 패권 결전을 염두에 두던 1880년대. 이때 중국이 일본의 중요한 무역 파트너였다면, 일본도 경제적 피해를 고려해 그리 쉽게 중국과의 극한 대결 모드로 치닫지는 않았을지 모르지요. 하지만 이 시기 일본의 무역 구조에서 중국은 딱히 중요하지 않은 존재였습니다. 당시 일본의 가장 중요한 수출품은 비단을 만드는 생사로, 그 대부분을 미국과 유럽으로 수출하고 있었지요. 그 때문에 1880년대 초 일본의 전체 수출에서 차지하는 각국의 대략적인 비중을 보면 미국이 40%, 프랑스가 20%, 중국과 홍콩이 20%, 영국이 10% 정도였습니다.

수입에서는 유럽과 미국에서의 기계류 수입에 더해 영국산 면직물 수입이 큰 비중을 차지하고 있었습니다. 당시 일본의 전체 수입에서 각국이 차지하는 대략적인 비중은 영국이 40~50%, 중국과 홍콩이 20%, 미국이 10% 정도였습니다. 이 수출입 셰어에서 홍콩과의 교역량에는 중국 외 다른 여러 나라와의 교역량도 섞여 있다는 점을 염두에 둬야겠지요. 게다가 중국과의 교역 품목은 일본 무역 입국의 큰 그림에서 별로 중요하지 않은 상품들이었습니다. 중국과 홍콩에서의 최대 수입 상품은 설탕이었으며, 그 밖에 석탄, 가죽, 염료, 콩 등의 잡다한 수입품들이 있었습니다. 중국과 홍콩으로의 주요 수출품은 다시마, 전복, 표고버섯, 장뇌, 구리 등이었습니다. 그 내용이 자잘할 뿐 아니라, 이 무역에서 일본이 딱히 큰 이득을 보고 있지도 못했지요. 그러니 일본이 중국과의 관계 악화로 인한 경제적 피해를 크게 우려하지는 않았으리라 여겨집니다.

19세기 말까지만 해도 중국 시장에서 서구 열강과 경쟁할 만한 레벨에 오르지 못한 일본이었기에, 중국은 일단 물리치고 볼 상대였을 뿐, 미래 먹거리로 여기지는 못했겠지요. 그런데 이윽고 20세기에 접어들며 산업화에 성공하고 중국 시장을 먹거리로 인식하게 된 일본제국은 더 무시무시한 선택을 하게 되었으니····.

제 1 6 장

무쓰 외교

1890년대 초반, 일본 정부의
대대적인 국방 예산 증액을 놓고~

국방입국!

아, 진짜 돈 좀
아껴 씁시다!!!

2기, 3기, 4기 의회가
정부 예산안에 크게 반발하며
의회와 정부의 갈등이 극에 달한다.

아니; 세계 전국 시대에
어찌 군사비를 아끼리오;;

전국 시대에도 백성을
무거운 세금으로 괴롭힌
영주들은 민심을 잃어
망했지요!

절대 감세!!
지조 경감!!
(토지세 인하!!)

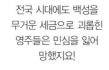

ㅇ크, ㅇ크,
지조 경감해드림;

대신 국방비
증액 예산안도
그대로 통과시켜주시죠.

뭔 소리임;;
세금을 줄이는데
예산은 늘인다니;;;;

빚이라도
낼 셈?;;

그 부분은-
서구와의 불평등조약을 개정해
관세 자주권을 회복한다면,
관세로 충분히 국가 예산 충당 가능~!!

오오!! 답은 결국
불평등조약 개정!!

불평등조약 개정은 협정 관세, 영사 재판 등의
독소 조항 극복이라는 실리뿐 아니라

평등조약으로 서구 열강과 어깨를 나란히
해야 한다는 국격! 국민 자존심의
문제기도 하다!

그러려면 근대 문명 국가의
자격을 입증해야겠지요?

근대 법제, 관료제
헌법, 의회제,
국민 민도 등등….

So, 지난 20여 년간 일본 정부는 불평등조약
개정에 모든 외교력을 집중해오고 있다.

헌법도 만들었고요~
의회도 출범했고요~

소고기도
열심히
먹고 있나요?

문명국
자격 심사

그런 노력을 통해 멕시코와 수교할 때는
최초로 평등조약을 맺었고(1888년).

타코~!

ㅇㅇ!! 타코!!

포르투갈은 알아서
영사 재판권을 철폐해줌(1891년).

일본과 포르투갈은
오랜 인연이 있죠!

뎀뿌라!

그 와중에
1890년, 오스만제국의 군함
에르투으룰호가 일본에
친선 방문 왔다가
9월, 폭풍우를 만나
히가시무로 앞바다에서 침몰.

승무원 656명 중
587명 사망!!

키이오시마 사람들의
헌신적인 구호로 69명은
목숨을 건졌지요.

이 에르투으룰호 조난 사건을 두고
일본 전국에서 위무 모금 운동이 일고.

위연금

자, 이를 계기로
오스만과 형제의
나라가 되어봅시다~!

그리 모인 성금과 생존 튀르키예인들이
일본 군함 편으로 이스탄불로 귀환.

아니, 뭐, 조난자 구호랑 성금은 고맙긴 한데;; 일본을 유럽 열강과 같은 레벨로 대우해주긴 좀;;

오스만제국과 수교 협상 중이던 일본은 이를 계기로 서양과 같은 대우를 받는 수호통상조약을 추진했지만—

형제의 나라 특 : 미수교국

그리하여 오스만제국과의 수교는 끝까지 이루어지지 않았다.

뭐, 그렇게 외무성은 조약 개정을 천명 삼아 계속 바둥거려온 거죠.

오쓰 사건 이후, 외무대신을 맡았던 에노모토는 1892년 8월의 2차 이토 내각 출범으로 무쓰에게 외무대신 자리를 인계.

에노모토 다케아키   무쓰 무네미쓰

조약 개정 문제로 외무대신 자리가 국민에게 욕 처먹는 자리가 되어놓으니, 우리 같은 아웃사이더들에게 외무대신 자리를 맡기는 느낌도 좀 들죠.

. . . .

에조공화국 전범   서남전쟁 정치범

아무튼, 그간 외무성이 닦아온 조약 개정 미로의 돌파구! 對영 공작을 이어가길 바라오!

최종 보스인 영국을 바로 뚫으면 14개국 불평등조약들이 한 방에 다 뚫리는 거죠.

흐유… 총리질도 이제 좀 빡세다;;

베리 베리~♬ 로즈베리~!

영국에서는 1892년 8월, 4차 글래드스턴 내각 출범.

정권의 2인자– 외무장관 로즈베리 백작 프림로즈

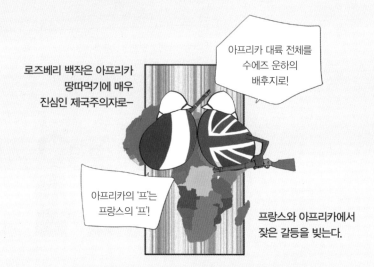

로즈베리 백작은 아프리카 땅따먹기에 매우 진심인 제국주의자로–

아프리카 대륙 전체를 수에즈 운하의 배후지로!

아프리카의 '프'는 프랑스의 '프'!

프랑스와 아프리카에서 잦은 갈등을 빚는다.

그런 와중에 1892년, 러불동맹의 성립은 영국의 심기를 불편하게 했던 것.

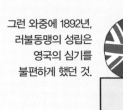

와; 내가 제일 싫어하는 두 놈이 동맹 맺었네;;

예아~ 삼색기 브로~

돈으로 우정을 사겠어!

· · · · ·

그리고 러시아가 프랑스 돈으로 착공에 들어간 시베리아 철도.

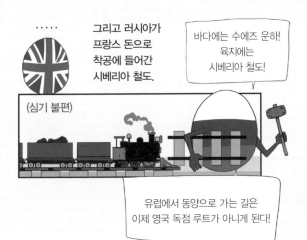

바다에는 수에즈 운하! 육지에는 시베리아 철도!

(심기 불편)

유럽에서 동양으로 가는 길은 이제 영국 독점 루트가 아니게 된다!

이는 결국 러시아가 영국의 길막을 뚫고 극동을 통해 바다로 뛰쳐나온다는 의미.

더러운 영국놈들 피해 결국 기차 타고 유라시아 끝까지 왔다!!

발틱해 막고, 흑해 막고, 이란 막고, 중앙아시아 막고, 다 막아도 결국 극동이 뚫리나;;

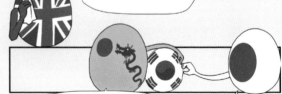

더군다나 청·일 양국을 다 싫어하는
조선은 틈만 나면 러시아를 끌어들이려는
꿍꿍이를 뿜뿜하고 있다.

(혹시, 거기도
로마의 후예세요?)

다?!

배배 꼬인 극동 정세 극혐;;
지중해, 아프리카에만
신경 쓰며 살고 싶다~

극동 골칫거리들로부터의
자유를 원하십니까?!

그냥 일본에 믿고
하청 맡기심이
어떠실는지요?

잉?

일본은 언제나
영국 팬이었습니다!

보십쇼. 지난번 거문도 사태 때,
중국은 중재한답시고 나대며
영국의 거문도 점령을 타박하며
빨리 나가라고 궁시렁댔잖습니까?

거, 남의 나와바리에서
싸우지들 마시고 좋게 좋게
서로 나갑시다.

같은 기간 일본은 영국의 거문도 점령은 전혀
문제 삼지 않았고, 오직 러시아의 제주도 접근을
가장 큰 목소리로 경계했지요.

러시아가 제주도 찔러본다!!
하루방이 하루코프 된다!

이는 일본이 영국의 제자를 자처하며
그 모든 문화를 흠모해 익히고
학문과 군사, 산업 모든 면에서
영국을 우러러 따르고자 하는 마음이니!

해 뜨는 섬의 천자가
해 지지 않는 제국 천자께
인사 올리옵니다~

실로 기특한
똥양
섬나라로구나~

그러니까,
불평등조약 좀 개정해주시면
저희가 열심히 노력해서 극동에
평화와 안정을 가져오겠습니다~

흠, 근간 노력들을 보니
헌법도 만들고, 의회도 굴리고,
사법 독립도 잘되어 있고,
카레도 제법 잘 만들게 되었고….

뭐, 문명 점수들이 꽤 우수하니
조약 개정은 긍정적으로 검토하겠음.
극동에서 문명국의 역할을
잘해나가길 기대합니다.

영국의 조약 개정 청신호는 곧
조선 문제에 있어서의 익스큐즈!

조약 개정에서 조선 문제까지
단칼에 해치울 기회가
오고 있다!

아니, 조선 문제,
조선 문제 하는데
조선 문제가
결국 뭐죠?

· · · · ·

이토에게는 과연
조선인 수양딸이
있었는가?!

조선 문제란, 이 시점에서 일본이 조선을 어떻게든 거시기해야만 하는 이유!

1. 러시아의 남하!

10년 후, 시베리아 철도 완공과 함께 러시아는 전력을 기울여 남하! 조선을 집어삼킬 운명이다!

지금 미리 조선을 어떻게든 하지 않으면 10년 후, 러시아의 칼끝을 일본의 목젖에 두게 된다!

2. 경제적 수탈지의 확보!

일본과 가장 가까이에 위치한 일본 상품의 시장! 값싼 1차 생산물의 공급처!

이 조선의 교역 셰어를 근간 중국에 크게 잠식당하고 있다! 지금 행동에 나서지 않으면 결국 조선 시장을 청에 뺏기게 된다!

**3. 대일본제국
융흥의 초석!**

청·일 양국 군대 모두 조선에서 철수하고,
군사 고문단 같은 것도 서로 파견하지 말고,
군대 파견할 때는 서로 얘기하기로 한 톈진조약.

거, 마음만 제대로 먹으면
구실과 기회야 저절로
따라오기 마련!

조선에서 곧 불씨가
튈 거라는 징후가 정보 라인으로
다 들어오고 있다!

1893년 3월, 서울.

아이고~
아이고~

동학 대표 40인,
서울에서 복합상소!

동학도들의 억울함을
굽어살펴~
주시옵소서~

으어? 동학당이
상경 시위?!

30년 전, 억울하게 처형당한
저희 교조(최제우)의 복권을
간청드리나이다~

대표 박광호

그리고 남쪽 지방
동학도들에 대한 수령의 박해를
거두어~ 주시옵소서~

동학 대표 40인이
광화문 앞에서
사흘간 엎드려 시위.

40명만
올라온 거 맞음?

소문에는 전국 각지에서
올라온 동학당 수천 명이
서울에 잠입해 있다는대요;

수만 명이라던데;

외국인들 다 몰아내자는
사이비 교도들이라던데;

동학도들의 동향에 대해 서울의 외국인
사이에서도 소문이 돌았으니.

저 동학당 무리가 서울에서
일거에 다 들고일어나
정권을 엎어버린다는 소문도;

영의정 심순택

주요 사건 및 인물

주요 사건

2차 조러밀약설 파동

1885년 4월 판즈데 사건의 여파로 영국이 거문도를 점거하자, 러시아가 이를 견제하러 나선다. 이에 원세개는 조선의 러시아 접근을 경계, 모종의 공작을 진행한다. 8월 원세개는 조선 임금이 러시아에 보호를 청하는 밀서를 보냈고, 자신이 그 원본을 민영익에게 받았노라고 폭로한다. 1884년의 1차 조러밀약설이 어느 정도 실체가 있었던 것임에 비해, 이번에 원세개가 터뜨린 2차 조러밀약설은 조작된 가짜 뉴스에 가까웠다. 이를 계기로 조선의 친러 세력과 민영익 등이 실각하고, 러시아도 오해를 피하기 위해 조선에서 발을 뺀다. 이후 청과 러시아, 영국 간의 삼각 협상 결과, 영국군이 거문도에서 철수하게 되고, 청은 다시 한번 조선에 대한 영향력을 강화한다.

노르만톤호 침몰 사고

1886년 10월 영국인 선장 및 외국인 승무원 24명과 일본인 승객 25명을 실은 영국의 노르만톤호가 와카야마 앞바다에서 침몰, 선장과 승무원들은 모두 목숨을 건지지만, 일본인 승객은 모두 사망하는 참사가 벌어진다. 결국 드레이크 선장에 대한 책임을 묻는 재판이 열린다. 재판은 치외법권 조항에 따라 고베의 영국 영사관에서 진행되고, 선장은 무죄방면된다. 이에 일본 여론이 들끓고, 지리멸렬하던 자유·민권 운동이 다시 타오르게 된다. 위기를 느낀 일본 정부는 열강과 맺은 각종 불평등조약 개정에 속도를 내고, 한편으로는 헌법 제정과 의회 개설 준비에 나선다.

대일본제국헌법 공포

거문도 위기가 진행되며 영·러·청의 상호 견제와 경쟁으로 조선이 시끄러울 때, 일본은 조용히, 하지만 확실히 근대화를 추진한다. 국방력 강화는 물론이고, 서양식 입헌 정치의 토대를 마련한 것이다. 우선 유신 이래의 동양 복고풍 정부 관제인 태정관제를 폐지하고, 1885년 서양식 정부 시스템인 내각제를 도입, 1885년 12월 이토 히로부미가 초대 총리대신으로 취임한다. 이후 헌법 제정 작업에 착수, 당시 독일의 전제군주제 성격이 강한 외견적 입헌군주제를 참조해, 1889년 2월 일본 최초의 헌법을 공포한다. 근대 헌법답게 사유재산권, 종교의 자유, 언론·출판·집회·결사의 자유, 인신의 자유, 재판권 등을 보장하나, 그 기저 중심에 천황의 대권이 놓였다는 한계가 있다. 이 헌법에 따라 1890년 7월 최초의 의회 총선거를 실시한다.

방곡령 발령

1880년대 조선산 쌀과 콩은 일본산에 비해 최대 3배까지 저렴해, 이를 수입하는 일본 상인들에게 막대한 이익을 안겨준다. 일본 상인들의 조선 곡물 수매 확대로 쌀 기반 경제인 조선의 물가가 뛰어오르고, 다양한 작물 경작지들이 쌀 농사만을 위한 논으로 바뀌어간다. 그 와중에 1889년 5월 황해도 관찰사 조병철이 방곡령을 발령해 쌀 반출을 금지한다. 물론 일본은 방곡령 발령 1개월 전 통보 의무를 명시한 조일통상장정의 조항을 앞세우며 크게 반발한다. 하여 황해도의 방곡령은 곧 해제되나, 이후에도 황해도와 함경도에서 연이어 방곡령이 발령되어 일본과 갈등을 빚는다. 다만 일본은 당시 인천에 드나들던 청 북양 함대의 위세와 러시아, 영국 등 열강의 동향에 부담을 느껴 적극적인 무력시위에는 나서지 않는다.

오쓰 사건

러시아는 시베리아철도 건설 시작과 함께 극동으로의 적극적인 진출을 모색하게 되고, 연장선에서 니콜라이 황태자가 블라디보스토크에서 열린 시베리아철도 동쪽 출발점 기공식에 참석차 동양 국가들 순방에 나선다. 1891년 4월 니콜라이가 방일하자, 일본은 다케히토 친왕이 직접 접대하는 등 극진하게 예우한다. 그러던 중 5월 비와호를 둘러보고 오쓰를 지나는 니콜라이를 지역 경관 쓰다 산조가 습격한다. 그는 서남전쟁 전공자였는데, 사이고 다카모리가 죽지 않고 니콜라이와 함께 일본으로 돌아와 자신의 공이 사라질 거라는 망상에 시달리고 있었다. 다행히 니콜라이는 인력거꾼의 도움으로 이마에 가벼운 자상만 입는다. 다만 사안이 사안인지라 천황이 다음 날 직접 달려와 니콜라이를 위문하고, 온 나라가 러시아에 사죄하는 진풍경이 벌어진다. 이후 일본 사법부는 행정부의 압력에도 쓰다에 대한 사형 선고를 거부해 독립성을 과시한다.

청선 내항

1891년 7월 오쓰 사건의 충격이 채 가시기도 전에 청의 북양 함대가 일본에 입항한다. 북양함대는 1860년대 이래 청이 전력한 양무 운동의 결실로, 당시 동양 최강을 자랑했다. 특히 주력함인 정원과 진원은 배수량이 7435톤에 달해, 일본 해군에서 가장 큰 함정보다 3000톤 가까이 컸다. 이에 충격받은 일본은 해군 예산을 크게 증액, 함대 건설에 매진한다. 다만 북양 함대는 병사들의 교육 및 훈련 수준이 낮았던 탓에, 일각에서는 허울만 그럴듯하다는 평도 받는다.

주요 인물

김옥균 金玉均

고종 때의 정치인이자 개화사상가. 명문 안동김씨 가문의 일원으로 일찍이 박규수 문하에서 서구 문물에 눈뜨고, 이후 각종 외교 임무로 일본을 드나들며 인맥을 쌓아 일본을 통한 조선 근대화의 길을 모색한다. 이후 급진개화파의 영수로 갑신정변을 주도하나, 실패하고 일본으로 망명한다. 조선 조정은 김옥균을 죽이기 위해 여러 암살자를 일본으로 보내고, 일본 정부는 그를 훗카이도, 태평양 절해고도 등에 유폐하며 트러블을 피하고자 한다. 당시 일본에서는 김옥균의 행위를 높이 산 과격파가 조선으로 넘어가 난을 일으키려다가 체포되기도 한다. 하지만 정작 김옥균은 여색에 빠져 허송세월해 옛 동지들의 비난을 산다. 이후 김옥균은 1894년 3월 이홍장을 만나기 위해 상하이로 갔다가 홍종우에게 암살당한다.

이타가키 다이스케 板垣退助

도사번 출신 유신지사로 막 말 내전기에 번을 도막의 길로 이끌었고, 도사군을 지휘해 구막부군에 맞서 싸웠다. 이후 신정부에 참의로 참여하지만 삿초 번벌 메이저 그룹과의 갈등 탓에 정한론 정국에서 사이고와 함께 하야한다. 이후 헌법 제정과 국회 개설을 주창, 자유·민권 운동의 대부로 활약하며 자유당을 이끈다. 그러다가 1882년 자객의 습격으로 부상당하기도 하는데, 이때 "이타가키는 죽어도 자유는 죽지 않는다"라는 명언을 남긴다. 자유당과 자유·민권 운동이 수많은 계열로 쪼개지고 일부 세력이 급진화되어 소요를 일으키자, 1884년 10월 자유당을 해산해버린다. 국회 개설 후 다시 입헌자유당을 재건, 이토와 협력해 1896년 내무대신으로 입각하기도 한다. 이후 오쿠마 시게노부가 이끌게 된 최초의 의회 정당 내각에도 내무대신으로 참여하지만, 곧 사임. 1990년 정계 은퇴 후 언론, 사회 활동을 이어가다가 1919년 사망. 화족 직위 세습에 반대했기에, 그가 받은 백작 작위는 아들이 물려받지 않고 반납한다.

야마가타 아리토모 山縣有朋

요시다 쇼인의 쇼카손주쿠에서 수학한 조슈번 유신지사로 막 말 내전기에 조슈군을 이끌었다. 조슈의 군사학 사상가 오무라 마스지로의 뒤를 이어 신정부의 군사 방면을 담당한다. 삿초 번벌을 이끄는 원훈으로 권력의 중심에 선 야마가타는 징병제 도입과 군의 황군화에 앞장선다. 1880년대 반대파를 제압하고 군부를 장악한 그는 진대를 사단으로 개편하고, 한반도를 포함하는 이익선 개념을 주창, 팽창주의를 내세운다. 1889년 12월 일본의 3대 총리가 된다. 철저한 반의회주의자이자, 존황주의자, 군국주의자로서 1922년 사망할 때까지 평생을 의회 정당 정치 구현을 막는 데 진력한다. 군인칙유와 육해군대신 현역무관제를 통해 정부의 통제 밖에 있는 황군으로서의 일본군 정체성을 정립하고, 일련의 보안조례 공포 및 대역 사건을 빌미로 한 공안정국 조성을 통해 헌병국가로의 길을 닦는다. 그가 군부 내에 조성한 조슈벌은 20세기 초까지 권력의 중심에서 일본제국을 이끌게 된다.

오언 N. 데니 Owen N. Denny

1차 조러밀약설 이후 청은 묄렌도르프를 파면하고, 그 자리에 헨리 F. 메릴과 오언 N. 데니를 임명한다. 하지만 청의 속내와 달리 이 두 미국인은 조선의 이익을 위해 성실히 일해 이홍장과 원세개 등의 심기를 거스른다. 특히 데니는 조선의 해관 독립을 강하게 주장하고, 심지어 1883년 3월에는 원세개를 청으로 돌려보내야 한다고 공개적으로 비판하기까지 한다. 결국 청의 압력으로 1889년 재계약에 실패하고 미국으로 돌아간다. 귀국 후 1900년 사망할 때까지 법조인으로 활동한 동시에, 오리건에 동양의 꿩을 들여와 널리 퍼뜨리는 데 노력한다. (1881년 데니가 미국으로 들여온 꿩들은 미국 꿩 역사에서 중시조로 여겨진다.) 데니가 미국으로 돌아갈 때 고종이 하사한 태극기가 현존하는 가장 오래된 실물 태극기로 알려져 있다.

후쿠자와 유키치 福澤諭吉

메이지 시대를 대표하는 일본의 사상가, 교육가, 계몽운동가. 하급 무사 집안 출신으로 청년기에는 난학과 영어를 공부하고 막부의 통역관으로 봉직했다. 그리 일하면서 미국과 유럽을 방문, 세계에 대한 식견을 크게 넓힌다. 이후 게이오대학교의 전신인 게이오의숙을 설립, 근대 서양식 고등교육에 힘쓴다. 그가 집필한 《서양사정》은 서양 문명 전반에 대한 개설서로 베스트셀러가 되고, 《학문의 권장》 또한 새로운 만민평등 사회에서의 공부를 통한 출셋길을 제시해 당대 젊은이들에게 큰 영향을 미친다. 김옥균을 지원해 조선 개화의 물꼬를 트려고 하나, 갑신정변이 실패하고 주모자들이 처형당하자 조선의 야만성에 멸시를 퍼붓는다. 양이와 화혼양재, 흥아론 등 동양적 근본에 기반을 둔 사상이 이어지던 시기에 탈아론을 전개, 동양 문화와 사상 전반에 대한 경멸과 함께 서양 문화권으로의 사상적·물질적 편입을 주창한다. 일견 서양의 근대 이성, 자유주의 사조를 일본에 소개한 사상가로 여겨지기도 하지만, 결국에는 중우론과 약육강식 제국주의로 경도된 사조를 남기고 1901년 사망한다.

무쓰 무네미쓰 陸奧宗光

기슈번 출신 유신지사로 청년 시절 사카모토 료마의 해원대에서 활동했고, 무진전쟁 때 철갑함 스톤월(고테츠)을 미국에서 인도받는 데 주도적 역할을 했다. 서남전쟁 때는 사이고 측에 호응했다가 체포되어 투옥되었다. 1883년 이토의 도움으로 사면되어 유럽 유학을 다녀온 후 외교관으로 활동하게 된다. 주미 공사 겸 초대 멕시코 공사로, 서양 국가로는 최초로 멕시코와 평등 수호통상조약 체결에 성공한다. 1890년 야마가타 내각에서 농상무대신을 맡는 동시에 중의원 의원에 당선되어 일본 최초의 장관 겸직 의원이 된다. 1892년 2차 이토 내각에서 외무대신을 맡아 영국을 필두로 서양 각국과의 불평등조약 개정을 이뤄낸다. 청과의 개전을 통한 조선 문제 해결을 역설, 청일전쟁 국면에서 열강의 간섭을 최소화하는 외교 공작을 전개한다. 하지만 이후 삼국 간섭 국면에서는 열강에 굴복한다. 그 직후 폐결핵으로 사임하고 요양 중 1897년 사망하는데, 을미사변의 배후 거물로 추정된다.